Georg Ernst Waldau

Nachrichten von Thomas Murners Leben und Schriften

Ein kleiner Beitrag zur Reformationsgeschichte

Georg Ernst Waldau

Nachrichten von Thomas Murners Leben und Schriften
Ein kleiner Beitrag zur Reformationsgeschichte

ISBN/EAN: 9783743677821

Hergestellt in Europa, USA, Kanada, Australien, Japan

Cover: Foto ©ninafisch / pixelio.de

Weitere Bücher finden Sie auf **www.hansebooks.com**

Nachrichten
von
Thomas Murners
Leben und Schriften

Ein kleiner Beytrag
zur
Reformationsgeschichte

Gesamlet
von
Georg Ernst Waldau,
Hospitalprediger zu Nürnberg.

Nürnberg,
bei Christian Gottholb Hauffe, 1775.

Vorbericht.

Ich glaube nicht, daß ich nöthig habe, die Wahl von demjenigen Manne weitläufig zu rechtfertigen, dessen Leben und Schriften ich vorzulegen gesonnen bin. Murner war ein für seine Zeiten gelehrter Mann; ein guter deutscher Dichter, dem es an Witz nicht fehlte, und der vor andern seines gleichen das Sylbenmaas genau beobachtete. Er erfand die mühsame und lächerliche Kunst, die Wissenschaften beym Kartenspiele zu lernen. Am merkwürdigsten wurde er mir durch seine Gesinnungen und Handlungen gegen unsern unsterblichen Luther und dessen Freunde. Er war ein nicht unwichtiger Feind der Kirchenverbesserung, ob er wohl einem Ecken, Hogstraten, Cochläus, und andern in ihrem blinden Eifer nicht gleich kommt. Indessen machen seine ältern Schriften, die er in den erstern achtzehn Jahren des sechzehnten Seculi herausgab, einen recht seltsamen Contrast mit seinen letzern. In jenen, die meist scurrilischen Inhalts sind, bestrafte er die verderbten Sitten seiner Zeit ungemein freymüthig, selbst an der hohen und niedern Geistlichkeit und schonte der Laster nicht, wenn er sie auch an den ehrwürdigsten Orten fand, wie das die anzuführenden Stellen aus denselben beweisen werden. In seinen letzern Schriften gos er viele Feindseeligkeiten auf den seeligen Luther aus, und tadelte an ihm besonders das, was er zuvor selbst gethan hatte — Vielleicht mißgönnete er ihm die Ehre, ein Verbesserer der Religion zu heisen, und vielleicht widersezte er sich aus Neid den heilsamen Bemühungen desselben so überaus heftig. Der seelige J. B. Ritter in dem evangel. Denkmahl der Stadt Frankfurt am Mayn S. 14. behaubtet, Murner habe durch seine in dieser Stadt verrichteten und hernach gedruckten Straf- und Erinnerungspredigten dem Reformationswerke den Weg mit bahnen helfen, und gehöre also zu denen, welchen in der päbstlichen Kirche anfangs die Augen wegen des Verfalls aufgegangen waren, die aber bald wieder von ihrem Interesse sich zu derjenigen Partey hinziehen ließen, welche sie vormals mit Grunde tadelten und straften."

Man muß sich wundern, daß diejenigen Schriften, welche die Geschichte der Kirchenverbesserung umständlich erzehlen, wenige oder gar keine Nachrichten von diesem nicht unbeträchtlichen Widersacher Luthers ertheilen. Ich blätterte sie größtentheils durch, und sie liesen mich hülflos. Selbst Herr Professor Burscher zu Leipzig, als er in seinen weitläufigen Vorlesungen über die Reformationsgeschichte auf Murnern kam, bediente sich des Ausdrucks: Luther fand auch einen Gegner, der hies Thomas Murner: es ist aber nichts als sein Name bekannt — So sprach ein Mann, der sich blos aus dem vortreflichen Bünauischen Bücherschatze, den er einige Jahre verwaltete, eines bessern belehren und verschiedene Schriften Murners wider Luthern und Zwingeln daraus kennen lernen konnte. Aus diesen sammelte sich der vormalige Bibliothekar, Herr Joh. Mich. Franke, beträchtliche Collectaneen, welche er nun zu Dresden, wo er als Churfürstlicher Bibliothekar und geheimer Sekretär mit allem Ruhme stehet, durch wichtige Zusätze vermehret. Ich ersehe dieses theils aus Freytagii Analectis de libris rarioribus p. 621. theils aus einem eignen geneigten Schreiben Desselben an mich. Mögten doch diese Nachrichten durch den Druck bekannt gemacht worden seyn! Wie viel Nützliches würde ich daraus geschöpft haben! Denn es ist nicht zu leugnen, daß auch die neuern gedruckten Nachrichten von Murnern, z. E. im Allgem. Gel. und im Iselinschen Lexikon, sehr mangel- oder fehlerhaft sind, welches vermuthlich von der Seltenheit seiner Schriften herrühren mag. Daher suchte ich auch in den Schelhornischen Werken, in den Unschuldigen Nachrichten, in dem Alten aus allen Theilen der Geschichte, und in vielen andern historischen und litterarischen Büchern vergebens. Ein Beweis, daß in der Gelehrtentengeschichte noch manche Lücken auszufüllen und einzuebnen sind!

Schon vor acht Jahren merkte ich in einer akademischen Schrift unter dem Titel: Observatiuncularum litterariarum Hexas, Altorf. verschiedenes von Murnern an: Allein eben das Unvollständige dieser Bemerkungen veranlaßte mich seit dieser Zeit, auf seine so selten vorkommende Schriften aufmerksam zu werden. Aus denselben habe ich getrachtet, genaue und hinlängliche Nachrichten zur Kenntniß seiner Geschichte und zur Beurtheilung seiner Gesinnungen und Handlungen zu samlen und zu ertheilen. Das Verzeichniß der Murnerischen Schriften, welches ich mit Kosten und Mühe so vollständig, als möglich gemacht habe, wird sowohl wegen der grossen Seltenheit, als auch wegen des Inhalts dem Bücherkenner und dem Liebhaber der Reformationshistorie angenehm seyn. „Man mag, so drückt sich mein verehrungswürdiger ehemaliger Lehrer, der berühmte Herr Professor Schröckh in dem Vorberichte zur zwoten Samlung des ersten Bandes seiner vortreflichen Lebensbeschreibungen berühmter Gelehrten, aus, man mag die Geschichte eines Gelehrten noch so vollständig inne haben, so kennet man ihn doch nur halb, so lange man von seinen Büchern nichts mehr, als die Titel weiß.,, (Eine Fertigkeit, in welcher die vermeynte Bücherkenntniß so mancher Gelehrten bestehet.) Daher werde ich meine Leser in den Stand setzen, von dem Inhalte der Murnerischen Schriften, deren ich habhaft werden konnte, zu urtheilen — Sollte dieser Versuch Beyfall erhalten; so werde ich besorgt seyn, meine Nachrichten von Eckens und Emsers Leben und Schriften bekannt zu machen. Nürnberg, am 20 August, 1774.

Lebensgeschichte.

Thomas Murner, ein Franciskaner, *) Doctor Theologiae und Juris Licentiatus, wurde zu Straßburg 1475. im December zur Welt gebohren. **) In seiner Kindheit wurde er nach einem noch nicht ganz ausgestorbenen Aberglauben von einem alten Weibe durch Zauberey lahm gemacht, aber auch wieder geheilet, über welche lächerliche Begebenheit er seine Schrift mit dem barbarischlateinischen Titel: de phitonico contractu: von der zauberischen Verlähmung verfertiget hat. Unter seinen Lehrern im Vaterlande war der

A 5 damals

*) I. A. *Fabricius* im Centifolio Lutheranorum etc. p. 713. setzet ihn falsch unter die Dominikaner.

**) Ich finde diese Nachricht in einer seltnen und beissenden Schrift wider Murnern mit dem Titel: Murnarus Leviathan, vulgo dictus Geltnarr oder genßprediger rc. in 4to s. l. et a. S. die Unschuld. Nachr. im 14 Th. S. 58. und *Hardtii* Autographa Lutheri T. III. p. 50. T. II. p. 70. Ich merke hiebey an, daß diese Schrift zum andernmale gedruckt worden mit dem schon auf dem Titelblate angezeigten Zusatze: Auctio Lutheromastigum. Dial. recens additus.

damals berühmte Jacob Locher, *) den er in der Zueignung seiner Augustinianae Hieronymianaeque reformationis poëtarum ausdrücklich praeceptorem eruditissimum und sich seinen alumnum nennet. Aus dem unten anzuführenden vollständigen Titel des Buchs de phit. contractu erhellet, daß er im Jahre 1499. in dem Franciscanerorden, auch der freyen Künste Magister gewesen, welche letzere Würde er zu Paris erhalten hatte; er nennt sich selbst Studii Parisiensis Magistrum. Zu eben dieser Zeit stund er auch unter den Lehrern der hohen Schule zu Freyburg im Brisgau. Vermuthlich durch Lochers Anweisung brachte er es in der deutschen Dichtkunst sehr weit; und Kaiser Maximilian I. krönte ihn zum Poeten. Ioa. Schottus, sein Landsmann, nennt ihn ausdrücklich poëtam laureatum **); und im Karsthans ***) heißt er

*) Von diesem Locher s. Altes aus allen Theilen der Geschichte I. B. S. 240.

**) In einem Briefe an ihn, der am Ende seiner Aug et Hier. ref. poetar. befindlich ist.

***) Karschhans mit vier personen so vnder jnen selbs ain gesprech vnd red halten, in 4. von 4 Bogen s. l. et a. Der auf dem Titelblate befindliche Holzschnitt stellet nebst den drey andern Collocutoribus Murnern vor mit einem Katzengesichte und in einer Mönchskutte. Der Inhalt dieser Satyre bestreitet das Murnerische Buch an den deutschen Adel wider Luthern. Sie muß ohngefähr 1520. gedruckt worden seyn: denn es wird der

er ein poet mit eiñ lorbonen kranz gekrönet. Daß er diese Ehre von erwehntem Kaiser selbst erhalten habe, schließe ich wahrscheinlich aus einer Stelle in seiner Narrenbeschwörung, wo es bald zu Anfang in der Antwurt deß Beschwerers heißt:

Myn fryheit sag ich jn voran
Die ich von vnserm keiser han
Erholet maximilian
Der mirs zů wurms vff einẽ tag
Erloubt das ich ůch (euch, ihr Narren) schindten mag 2c

Murner dachte vielleicht an das bekannte: Pictoribus atque Poëtis quidlibet etc. Es geschahe dies im Jahr 1506. denn am 26 September desselben ist der am Ende seiner Reformationis poëtarum befindliche Brief des Francisca-

cisca-

der Leipziger Disputation mit diesen merkwürdigen Worten gedacht: Doctor Eck hat nit vil erẽ vñ sig eriagt an Luther, wiewol er dermassen geschryen vñ gefochten, daß fast nimand vor im zů red hat, mügen komen — auch ist er davon kranck wordẽ, da er also in sand focht — der Bapst hat im fünfhündert Ducaten für sein arbait gebẽ, vñ wẽ er den Luther het vberwunden, wolt er ein camal mit dẽ breitẽ hůten auß im habẽ gemacht rc. Von diesem Karsthans, den man insgemein dem Ulr. von Hutten zuschreibt, besitzt ein Gönner fünferley Ausgaben, theils unter verschiedenen Titeln, theils mit veränderten Holzschnitten.

ciscanergenerals geschrieben, worinn Murnern die Erlaubniß ertheilt wird, den Lorbeerkranz von dem Kaiser Maximilian anzunehmen. Schon vor dieser Zeit muß er Theologiae Baccalaureus geworden seyn; gewiß aber erlangte er diese Würde zu Krakau, weil er in einem seiner Logicae memorativae angehängten Testimonio der dasigen Professoren ausdrücklich nostrae universitatis Cracov. Theolog. Baccalaurius genennet wird. In dem Prologo eben dieses Buchs, welcher unterschrieben ist: Ex achademia Friburg. Anno MDVIII. erzehlt Murner, daß er in seinen jüngern Jahren zu Freyburg im Brisgau die Dialecticam Petri Hispani fleisig studiert, und nachmals sowohl daselbst, als in Krakau, sehr vieles in derselben verbessert, auch als Professor der Philosophie über sein Chartiludium Logicae öffentliche Vorlesungen gehalten habe. *) Im Jahre 1509. war er schon Doctor Theologiae, welche Würde er vermuthlich zu Straßburg oder Basel erhalten hatte. Sein sittlicher Charakter, der gewiß, wenn ich ihn gleich nicht aus häufig wider ihn gedruckten Schmähschriften bestimmen will, der beste nicht war; sein Stolz und Hochmuth, besonders aber seine unkeusche Lebensart, machte, daß er nirgends einen langen Aufenthalt fande, sondern immer unstät und flüchtig von einem Orte zum andern wandelte,

*) Siehe Freytagii Analecta litteraria p. 621.

delte, und bald von der Kanzel, bald vom Katheder lehrete. Zu Frankfurt am Mayn predigte er 1512. seine nachmals gedruckte Narrenbeschwörung und Schelmenzunft, wie die am Ende dieser beeden Bücher befindlichen Schlußverse bezeugen. *) Da der seel. J. B. Ritter in dem Evangelischen Denkmahl der Stadt Frankfurt a. M. S. 14 16. von der Narrenbeschwörung Nachricht ertheilet hat; so will ich nur Murners eigene Worte am Ende seiner Schelmenzunft in der Ausgabe von 1514. Augsb. in 4. hersetzen:

Die ich zv franckfort an dem main
Anfenglich dichtet zv lateyn **)
Wiewol ich bin in teütscher sprach
Vil schimpffredē gangen nach.

In einer neuern Ausgabe von 1618. in 8vo heißt der Beschluß also:

Der Schelmen Zunft mit ihrem Orden
Zu Frankfurt ist geprediget worden
Und gedruckt nach Christi Geburt
So tausend Jahr gezehlet wurd

Fünf

*) Er hat auch daselbst eine deutsche und zwo lateinische, aus dem Hebräischen übersetzte kleine Schriften drucken lassen.

**) Dieser Umstand wird in der Erzehlung seiner Schriften erläutert werden.

Fünf hundert und zwölf Jahr, *)
Was drinnen steht, fehlt nit ein Haar.
Batt **) Murner hat den Truck gethon,
Deß geb Gott seiner Arbeit Lohn.

Vielleicht ist es nicht unangenehm, wenn ich Murners Schicksal auf der Reise nach Frankfurt mit seinen eignen Worten aus der von ihm betitelten geistlichen Badefart, Straßb. 1514. 4. anführe:

Als mich die not bezwungen hat
Zů sitzen in ein meyen badt.
Da ich durch frost und wetters we
Regen, wint vnd kaltē schne
Erfroren war mit harter pein
Alß ich hinabfur vff dem rein
Gen Franckfurt schedicklich darnieder
Erfroren mir al meine glider
Das ich nim rein kund werden wider
Dan ich so rüdig schebig was
Das mir doch kum mocht werden bas
Als ich mich nun sezt in daß Bad
Hat got der Her durch seine gnād
Mir rein= vnd gsuntheit widergeben rc

In

*) Also ist die erste bißher allen Bücherkennern unbekannte Ausgabe der Schelmenzunft 1512. zu Frankfurt erschienen. Ich habe sie nirgend gefunden.

**) Batt ist so viel, als Beatus; und so hieß ein aus Straßburg gebürtiger und zu Frankfurt wohnender Buchdrucker.

In dem schon angeführten Murnarus Leviathan erzehlt er seine fernern Begegnisse: A Francofordia pulsus sum magno cum dedecore, cum Vuigando Hessio praedicatorii ordinis, dive vginis temeratori — Ea seditione excitata, veni Argentoratum, ubi negocium feci viris probis et optimis, docto Seb. Branto, Iac. Wimphelingio, nec non et toti cohorti huic cohaerenti, doctis inquam qui tum florebant *Argentorati*, quod vel invitus cogor asserere. Extant de ea tragoediae plures, epistolae eruditorum *) et *Germanicae libertatis defensio Iac. Wimphelingii.* Dies wird ohngefehr in das 1513. und 1514te Jahr gehören: Denn in dem letzern gab er zu Straßburg heraus: Ein andechtig Badenfart zu Straßburg im Bad erdichtet, 4. Von seinen Streitigkeiten mit Seb. Brant ist mir nichts bekannt geworden, auser daß er denselben in der Vorrede zu seiner Narrenbeschwörung wegen des Narrenschiffs lächerlich zu machen sucht. Murner schreibt nemlich also von den Narren:

Die hat uns all sebastian brant
Mit im bracht im narrenschiff
Und meint es hab einen sundern griff
Ouch syent bsunder künstreych sachen
Und kyñ nit yeder narren machen

Er

*) Sind die Epistolae Obscur. Virorum.

Er heiß dañ wie er sy genañt
Der narr sebastianus brandt
Ist er ein Narr als er das schrybt
So weiß ich nit wer wyß belybt
Er durt (dauert) mich das im wyßheit brist
(mangelt)

In Iac. Wenkeri *) Collect. Archiv. Iur. p. 144. ist ein Brief Murners an Seb. Brant befindlich, wobey aber leider weder Ort noch Zeit angemerkt ist. Er lautet also:

Thomas Mürnerus, Theol. et Iur. Doctor
Sebastiano Brant

Felicitatem. Egregie doctor, edidi **) ante recessum meum, a multis rogatus, censuram virorum effeminatorum, vulgo die Gäuchmatt intitulatam, ex proposito neminem laedere volens, sed magis nostri temporis tantam virorum lubricitatem iocoso serio taxare, eamque Mathie

*) Wenker macht unten die Anmerkung: Murnerus fuit inventor Narragonicorum, in quae et D. Geiler Keisersperg. commentato est. Allein sie ist falsch, weil Geyler eher lebte und schrieb, als Murner. Desto richtiger aber ist die folgende: Multos scriptis suis offenderat, inter alios Helvetios, praecipue vero Tigurinos et Bernates. Ideo invidia civium Argentoratensium in se suscepta, urbem tandem relinquere coactus est.

**) bedeutet hier nur: Ich habe verfertigt, aufgesetzt.

thie Hupffuff *) 4. florenis dedi, at nunc dominus noster primas der Ammeister hoc a me exemplar abstulit, nescio cuius vel precibus vel suasione permotus. Nunc a me petit, ut quatuor florenos vel restituam, vel exemplar, si modo vestro Iudicio expressurus fuerit admissum. Quare suppliciter rogo, ut apud dominum intercedatis ex mea parte, ut exemplar restituat, et si vestre dominationi placuerit, exprimatur, si non per manus meas affirmatur vel alio in loco vendatur. His valete felix et memor queso mei sitis in bono etc.

Thom. Mürner Theol. D.
ad quaevis vestra beneplacita.

Ich zweifle, ob dieses Buch hat in Straßburg gedruckt werden dürfen; wenigstens ist mir noch keine andere oder ältere Ausgabe vorgekommen, als eine Baselsche von 1519. in 4.

Was Wimphelingii angegebene defensionem Germ. libertatis betrifft; so glaubte ich anfänglich, es wäre diejenige Schrift, welche *Simlerus* in seiner Bibliotheca unter dem Titel: De Germanicae nationis gravaminibus contra curiam Romanam, ad Maximilian. Imper. angeführt und Marqu. Freher in die Collect. script. Germanicor. Tom. II. p. 373. ff. wiewohl nicht ganz, eingerücket hat: Allein ein Gönner versicherte mich, in einem Bücherverzeichnisse folgenden

*) einem Straßburgischen Buchdrucker.

den Titel gefunden zu haben: Jac. Wympfelingii Defensio Germaniae, quam Thomas Murner impugnavit. In 4. ohne Jahr und Ort.

Murner gieng wegen seiner Streitigkeit von Straßburg, allwo die Dedication seiner verdeutschten Aeneis des Virgils 1515. unterschrieben ist, abermal nach Freyburg im Brisgau und predigte daselbst mit schlechtem Beyfalle; seine freye Lebensart verursachte, daß er bald wieder weichen mußte. Er kam nach Trier, und zwar noch in eben diesem Jahre 1515. und hier las er über sein burleskes Chartiludium Institutionum Iuris. *) In demselben, welches zu Straßburg 1518. 4. gedruckt wurde, stehet unten auf der andern Seite des Titelblats: Intimatio 1515. facta in universitate Trevirensi in die S. Andree apostoli. Darin verspricht er unter andern, quod etiam mediocriter doctus vel certe nescius in quatuor hebdomadum spatio completam Institutorum Instin. habeat notitiam et perpetuam atque exactissimam singulorum

*) In Epistolis obsc. viror. p. m. 164. heißt es: Celeriter, non facto praeambulo, habet dominatio vestra, scire, quomodo noviter venit Treverim unus Doctor Theolog. qui vocatur Thom. Murner, ipse est de ordine S. Francisci, et est Superioritsta et praesupponit ita multa, quod non creditis. Dicunt, quod facit chartas, et qui ludunt illis cartis, discunt Instituta et Logicam.

lorum etiam paragraphorum memoriam, rem paucis creditam — Accipite ex nobis totius institute cognitionem apud alios multis verbis inculcatam, hic autem *figuris et typis* sic ordinatam, ut illis brevi textus intelligentiam — quasi *specularem* contueri valeatis. Welche hohe Begriffe Murner von seiner neu erfundenen Lehrart gehabt habe, läßt sich aus folgender Stelle am Ende seines Chartiludii schliesen, wo er seine Zuhörer also anredet: Nec in eternum sum crediturus quemcunque preceptorem nudi textus institute intelligentiam posse commodius tractare, quam hoc modo quo vos iam sex hebdomadis presentibus figuris fatigavi, ut legale et canonicum caput in vobis suscitarem. Quod cum ab initio non crediderunt — iam tandem rei coguntur fateri veritatem, cui tamen veritati invidentes — demonem inquiunt illa omnia tam inaudita prodidisse nobis, et mihi scribenti assidue astare et viva voce loqui solitum — Scio. Omne datum optimum et omne donum perfectum desursum descendere a patre luminum. Credoque mihi angelum dei optimi astare et suggerere ea, que divina clementia dignabitur mihi — benigne largiri, qui angelus nostrum sensum et intelligentiam (precamur) ut oculi pupillam custodiat, et a via iustitie (ut decet verum iuristam) nunquam abduci sinat — cuius rei gratia flecto genua mea ad patrem domini mei Iesu Christi etc.

Vom Jahre 1515. an finden wir Spuren, daß sich Murner auf die Rechtskunde gelegt habe. Er schrieb in diesem Jahre das Original von dem Chartiludio Institt. mit eigner Hand in 4. welches Manuscript mit dem vortreflichen Solgerischen Bücherschatze in unsere hiesige Stadtbibliothek gekommen ist. Der Werth desselben wird dadurch grösser, weil die Wappen alle gemahlt sind, und beynahe in der Ordnung stehen, wie in der gedruckten Ausgabe die Holzschnitte — Unten wird mehr vorkommen —

Auch zu Trier währte Murners Aufenthalt nicht lange. In dem Murnarus Leviathan sagt er: Treveri me coepit stimulare invidia — et cum nescio quid machinatus fuerim in spurios et Canonicos Treverenses, iussus sum abire tandem, atque id citissime — Huic calamitati accessit contumelia quam in Weddelum admisi Argentorati, cum solvissem a Basilea. Quum palinodiam non cecinerim, excommunicabar ut rursus hinc profugere sim compulsus. Bononiam abii: istic, atque in aliis Italiae urbibus commorabar. Tandem Venetias *) abii, ubi in procinctu fuisset, ut in Patriarcham fuissem suffectus, nisi coccycem istum prodidissent mercato-

*) Daselbst gab er heraus: Chartiludium in Instituta Iustiniani in tabellas redactum, welches *Luc. Wadding* in Scriptorib. Ord. Minor. p. 325. jedoch ohne die Jahrzahl anführt.

catores quidam Argentinensium, qui me noverant — Ephoebiam tamen adeptus sum atque subrogatus pedagogus iuvenum quorundam, quos docui, quae nunquam didici ipse, miro tamen supercilio. At cum hic quoque facinus quoddam commisissem, rursus redii Argentoratum —

Im Jahre 1518. und 1519. hielte er sich theils zu Strasburg, theils zu Basel auf, an welchem letzern Orte er ein paar juristische Schriften, die ich unten beschreiben werde, ins Deutsche übersetzte. A. 1519. entfernte er sich abermals von Basel: Der Titel dieses Buchs läßt mich das muthmassen: Die geuchmatt — erdichtet der statt Basel zo einer letz beschriben vnd verlassen, Bas. 1519. 4. Zu Strasburg las er 1520. juristische Collegien, predigte zugleich, und edirte in diesem und den zwey folgenden Jahren einige Schriften wider unsern seeligen Luther und dessen Freunde. *)

B 3 Nicht

*) Siehe Seckendorfs Lutheranismi L. I. §. 173. addit. II. (b) Von seinen Predigten zu Strasburg heist es in Epistolis obsc. Viror. p. m. 328. Thom. Murner, Doctor admodum subtilis sollenniter praedicavit in ambone, quod Christus fuerit monachus, et scivit etiam realiter defendere. Sed unus discipulus Wimphelingii noluit credere in Christum, si esset monachus, et fecit illos versus:

Non ego fallaci tecto tibi, Christe, cucullo
Crediderim; veste hac fraus tegiturque dolus.

Nicht lange darnach finden wir ihn in England bey dem Könige Heinrich dem achten, diesem heftigen Feinde des D. Luthers, der ihn ausdrücklich zu sich verlangt hatte.*) Wie lange sein Aufenthalt daselbst gedauert habe, kann ich nicht bestimmen. Seine Rückreise geschahe im Jahr 1523. und der König empfahl ihn dem Rathe zu Strasburg aufs nachdrücklichste in einem Briefe, den uns Wenker in dem erwehnten Werke pag. 144. aufbehalten hat. Er lautet also:

Henricus Dei gratia etc. Magnificis civitatis Argentin. Consulibus, Amicis nostris charissimis S. Non facile dixerim, quanto affectu eos omnes prosequemur, quos in Lutherana haeresi refellenda nullos labores nullumque discrimen detrectare animadvertimus, cuius hominum generis, ubi primum venerabilem et religiosum virum Fr. Thomam Murner haud immerito censeri audivimus, huius videndi hominis coramque colloquendi ingenti desiderio repente affecti sumus, utque ad nos accederet curavimus, qui profecto opinionem, quam de sua integritate, eruditione et modestia conceperamus, non solum

*) In der Piece: Antwort dem Murner vff seine frag, Ob der künig von Engellant ein Lügner sey, oder — Martinus Luther, 1523. 4. heist es Bog. C. 4: „Murner ist des künigs kartenmacher gewesen, vnd hat jm narren vff karten gemalt.„

ſolum confirmavit, ſed et ſua praeſentia longe ſuperavit, adeo, ut gratiſſimus acceptiſſimusque eius nobis extiterit adventus, qui cum nuper ad vos redeat, voluimus uel his ſaltem litteris noſtram erga eum benevolentiam teſtari, proinde vos ex animo rogamus, ut eundem Fr. Thomam, praeter id, quod iam ultro facturi eſtis, noſtro quoque intuitu et contemplatione cariſſimum commendatiſſimumque vobis ſuſcipere, omnique veſtro ſtudio ac favore complecti velitis, in quo rem nobis optatiſſimam praeſtabitis. Et bene valete.

Ex regia noſtra apud Okyng.
die XI. Sept. MDXXIII.

Veſter amicus Henrycus.
Petrus Vannes.

In eben dieſem Jahre ſchrieb *Nic. Gerbelius* in einem Briefe an Johann Schwebel in der ſeltenen Sammlung: Epiſtolarum Theol. Centuria p. 66. *Murnarius* mira impudentia Evangeliſtas noſtros (*Argentoratenſes*) exagitat. Coepit n. et ipſe II. caput Epiſtolae I. ad Corinth. enarrare, obtulitque ſe diſputaturum cum illis, ſed ſcriptis tantum, non verbis. Summa ſententiae Murnarii haec eſt: Miſſam eſſe ſacrificium; poſt conſecrationem, ut vocat, panem non eſſe, aliaque in eandem ſententiam impudentiſſima. Vellem vel ſemel videres audiresque os illud temeritate plenum, quod aliud

 ſe-

sedendo, aliud stando loquitur. Capito, Bucerus, Lampertus, qui de Sectis scripsit, pro concionibus lectionibusque suis hominis temeritati et confidentiae respondent diebus singulis. Accurrit ingens Laicorum turba, quam rem indignissime fert Murnarius, iudicans, Laicos ad eruditorum lectiones nihil pertinere; eos in aedibus suis operis servilibus inservire debere etc. Haec omnia fiunt in coenobio Minoritarum frequentissimo sane auditorio. Res simillima Gymnasio. Tres enim dies praelegit Capito in Hieremia, tres Bucerus in Psalmis, singulos Lampertus in Ezechiele. Murnarius in Paulo — J. J. Hottinger in seiner helvet. Kirchengesch. 3. Theil S. 145. schreibt: „Als Hedio und Capito zu Straßburg öffentlich das Evangelium tapfer predigten, hat Murner stark wider sie gefochten.„

Jene königliche Empfehlung an den Rath zu Straßburg entkräftete Murner selbst gar bald, indem er 1524. eine Handlung vornahm, die ihm den gewissen Haß des Strasburgischen Magistrats zuziehen mußte. Es war in dieser damaligen Reichsstadt unter Begünstigung des Grafen **Sigmund von Hohenlohe**, Dechants des dasigen Domcapitels, ein Anfang zur Verbesserung der Religion gemacht worden. **Martin Bucer** besonders half diese Bemühungen zur Reife bringen. Im Jahre 1524. gab er nebst dem **Matthäus Zell**, **Caspar Hedio**

und

und andern Predigern, mit denen er das Evangelium gemeinschäftlich ausbreitete, eine Schrift heraus, in welcher sie die Gründe und Ursachen der Veränderungen angaben, die sie bey der Verwaltung der Sacramente, bey den Festtagen, Bildern und andern Kirchencärimonien vorgenommen hatten. Bald darauf erlaubte der Rath zu Strasburg, daß die evangelische Lehre ungehindert vorgetragen werden durfte; die Messe, einer von den Grundpfeilern des Römischen Kirchengebäudes, wurde abgeschafft, und die Reformation trat ohne Zwangsmittel an die Stelle so vieler willkührlichen Lehrsätze und Anstalten. Verschiedene Geistliche verliessen ihre Clöster, verheyratheten sich und wurden Bürger. Darüber sahe sich der Rath mit dem Bischofe, der eine solche Veränderung nicht zugeben wollte, in manche Streitigkeiten verwickelt. Der letzere forderte am 24. Jenner 1524. die gewesenen Pfaffen nach Zabern, seinem Residenzort im Elsas, vor, um daselbst ihr Urtheil von ihm anzuhören: Allein diese wandten sich an die weltliche Obrigkeit und baten, ihre Sache auszuführen. Man nahm sie in Schutz und zeigte dem Bischofe an, daß ohne äusserste Gefahr nichts wider sie vorgenommen werden könnte, zumahl da andere Mönche öffentlich und ungestraft ein schändliches und hurisches Leben führten; er möchte also mit dieser Sache verziehen, biß zu Ende des Nürnbergischen Reichstags — Die Vorgeladenen erschienen also nicht vor dem

Bischofe; und dieser wurde darüber heftig aufgebracht. Er sandte Murnern in seinem Namen nach Nürnberg, *) wo derselbe den Rath zu Straßburg bey dem Päbstlichen Gesandten Laur. Campegius aufs härteste anklagte. Alsbald schickte der Magistrat gleichfalls einige Abgeordnete an die Reichsstände ꝛc. Die ganze Geschichte erzehlt Sleidan im vierten Buche seiner Historie.

Ich wage es nicht, zu bestimmen, ob dasjenige, was ich itzo anführen will, vor oder nach Murners Reise nach Nürnberg geschehen seye. In Lilienthals erläutertem Preußen Th. I. S. 248. und aus diesem in Luthers Werken Theil XXI. S. 907. der Walchischen Ausgabe schreibt Luther in einem Briefe an den Königsbergischen Lehrer Joh. Briesmann am zweyten Tage nach Marien Heimsuchung 1524. unter andern

*) In Mullneri Annalibus Norimberg. MS.tis wird gleich nach der Nachricht von der Ankunft des Cardinals Campegius folgendes gemeldet: „Es „ist auch ein Barfüßermönch Thom. Murner ge„nannt, zu Nürnberg ankommen, welcher den Rath „zu Straßburg bey den Reichsständen heftig be„klagt, daß sie ihren Priestern das Heyrathen ver„statteten und sie darüber zu Bürgern aufnehmen. „Es ist ihm aber dieses dermassen verantwortet „worden, daß er mit schlechter Verrichtung und „Vergnügung wieder davon gezogen.„

andern dieses: „Murnarr*) hat mit den Seinen „die Kutte verändert und das Closter mit allen „verlassen. Einige sagen, daß er ein Canoni„cus regularis oder einer des Studentenordens „im Stift worden. Er bleibt der alte Mur„narr.„ Wenn wir von Straßburg eine eigene Kirchenhistorie hätten, so würden wir vermuthlich mehr von diesem Manne wissen. Alleine mir ist keine bekannt geworden; und ich kann bey aller angewandten Mühe nichts von ihm entdecken, als daß er im Jahre 1526. Pfarrer und Lector oder Professor der Theologie zu Lucern in der Schweiz gewesen. **) An diesem Orte wurde den 15ten April eine Zusammenkunft wegen der Religion gehalten; und die zwölf Kantone beschlossen nach vielen Streitigkeiten, daß eine öffentliche und feyerliche Disputation zu Baden sollte angestellet werden. Zwingel aber erschiene, der wiederholten Einladung ohngeachtet, nicht dabey, zumahl da es seine Obern zu Zürch nicht zugaben, so wie auch Erasmus vergebens dazu gebetten wurde. Von den päbstlich gesinnten Kantonen wurden Murner, Eck und Faber zu diesem Religionsgespräche abgeschickt, und bekamen schon vorher den Auftrag

*) So nannte er ihn öfters. Z. E. Im Tom. I. Epistolarum p. 299. b. schreibt er an Staupitzen: Thom. *Murnar* quoque in me scriptis furens.

**) Man lese *Abr. Kuchat* Histoire de la Reformation de la Suisse, T. I. p. 356.

trag, einige Bischöfe einzuladen. *) Am 16ten Maii 1526. und also beynahe eben um die Zeit, als der Reichstag zu Speyer gehalten wurde, fieng das Colloquium an; **) und zu des Eckens sieben Sätzen, worüber man disputiren sollte, that Murner noch zween hinzu, davon der eine die Lehre vom heiligen Abendmahle, der andere die Güter der Geistlichen betraf. Ich führe dieselben, da ich die äuserst seltnen Acta nicht besitze, mit des Ruchat Worten an:

1) Croire, que dans le Sacrement de l'union du Corps et du Sang de Jesus Christ, notre Sauveur est present sous les deux especes, l'y adorer et le venerer, ne doit point être regardé comme une idolatrie, puisque l'Ecriture sainte l'enseigne. On ne peut pas non plus accuser de sacrilege celui, qui n'administre au peuple que sous une seule espece, comme s'il ravissoit mechamment l'espece du vin au peuple Chretien.

2) On ne peut point soutenir par aucun passage de l'ecriture sainte, qu'il soit permis, en matiere de biens terriens ou de personnes, de depouiller le prochain de son bien, sans aucune sentence iuridique, et seulement par voye de fait, soit que la chose se fasse avec violence, ou non, ou qu'on l'entreprenne contre sa volonté

*) Man lese Sleidans Historien im sechsten Buche.

**) S. Ruchat im angeführten Tomo p. 364. ff.

lonté, sous quelque pretexte que ce soit, ou du bon ouvrage d'une Reformation, ou de la religion, ou pour quelque autre chose, qu'on pût alleguer: mais on doit regarder toutes ces matieres de proceder, comme iniustes, malhonnetes et offensantes.

Ruchat macht hiebey die Anmerkung, daß Murner mit dem zweeten Satze auf diejenigen gezielet habe, welche sich bey der allem Ansehen nach zu erwartenden Reformation der geistlichen Güter, der Clöster u. d. gl. anmassen würden. Es wurde aber über Murners Sätze gar nicht disputirt, so wie es überhaubts bey dem ganzen Gespräche, welches 18. Tage dauerte, sehr unordentlich und parteyisch zugieng, so daß Oecolampadius und andere protestantische Theologen sehr selten zum Wort kamen. Nach Endigung desselben las Murner seine Sätze oder vierzig Conclusiones wider Zwingeln ab,*) und erklärte gegen die anwesenden Gesandten der Kantone und die Präsidenten der Disputation, er wolle die Lehre nicht nur, sondern auch den guten Namen Zwingels angreifen, der unter die ärgsten Bösewichter gehöre — Ohneracht die Acta die-

*) In Cochlaei Actis Lutheri ad a. 1526. ist eine weitläufige Stelle von Murnern; sie enthält aber weiter nichts, als daß er bey der Badenschen Disputation wider Zwingeln 40. Schlußreden hergelesen habe. Und von diesen wird blos die 7te, und zwar nur auszugsweise angeführt.

dieses Gesprächs viermal von dazu bestellten Notarien abgeschrieben wurden; so konnten doch die protestirenden Kantone, Bern, Zürch, Basel und Schaffhausen nicht ein einziges Exemplar erhalten. Vielmehr ließen nur die neun andern Kantone im folgenden Jahre zu Lucern diese Acta durch den Druck bekannt machen. Murner besorgte die Ausgabe, und verfertigte die Vorrede, in welcher er Luthern den Urheber der Kirchenverbesserung und Zwingeln einen Schüler und Anhänger desselben nennet. Uebrigens wurde Johann Huber, Syndicus zu Lucern, beordert, alle Exemplarien unten auf dem Titelblate mit seiner eigenen Hand zu unterzeichnen. So unvollständig und fehlerhaft diese Acta sind; so sichtbar herrschet auch die Partenlichkeit in denselben. Die, wohl von Wenigen *) gesehene Originaledition ist deutsch; und ich kann den Titel aus dem Catalogo Biblioth. Bunavianae Tom. III. Vol. I. p. 292. anführen: Die disputacion vor den xij. orten einer löblichen eidgenossenschafft, namlich Bern, Lutzern, Schwytz, Underwalden rc. von wegen der einigkeit in christlichen Glauben in irem landen

vnd

*) Selbst der grosse Samler solcher Schriften, der sel. D. Feuerlein zu Göttingen muste in Biblioth. Symbol. P. II. p. 169. bekennen: Celeberrimi Badensis Colloquii nullam facio mentionem, quia nulla eius Actorum copia mihi est.

vnd vnderthonen der fier bistumb, Costenz, Basel, Losañe vnd Chur beschehen, vnd in dem iar Christi vnsers erlösers 1526. vff den 16. Tag des Meyens erhört vnd zu Baden in ergow irer statt gehalten vnd vollendet. Gedrukt in der alt christlichen Statt Luzern, durch Doctor Thomas Murner, 1527. 4. In den Unschuld. Nachrichten vom Jahre 1708. S. 17. wird eine lateinische Uebersetzung angeführt: Causa Helvetica orthodoxae fidei, Disputatio Badae habita, Lucern. 1528. 4. Zwey Alph. und zween Bogen. Die Verfasser mögen wohl Recht haben, wenn sie das Latein äuserst elend nennen; aber darin irren sie, wenn sie dieses lateinische Exemplar für die Originalausgabe halten. Auch selbst Fabricius kannte die erste deutsche Edition nicht, wie seine Worte in dem Centifolio Lutheran. S. 782. deutlich beweisen, wo er sich zwar auf Ruchat Tom. I. p. 381. beziehet, der aber das gar nicht sagt, was Fabricius behaubtet. — Einen fruchtbaren Auszug aus diesen Actis findet man in Joh. Jac. Hottingers Helvet. Kirchengeschichte 3. Th. S. 307=319.

Man hat zwar auch von einem Protestanten eine gedruckte Nachricht von dieser Disputation. Ich kann aber den eigentlichen Titel nicht angeben, weil ich nirgend, auser in dem erst erwehnten Hottingerischen Werke 3 Th. S. 328. f. dieselbe angeführt finde. Er schreibt: „Auf

„daß

„daß die Welt wegen der Disputation zu Ba-
„den, von welcher die Päbstler so viel Rühmens
„machten, in Mangel des Protocolls etwas
„Gründliches hätte; hat einer, so derselben bey-
„gewohnt, und, was möglich war, während
„des Gesprächs nachgeschrieben, dasselbe gleich
„nach seiner Heimkunft zu Straßburg drucken
„lassen, welches alsbald gen Speyer an den
„Erzherzog Ferdinand, und von ihm nach Ba-
„den an Fabern, und von diesem an die dasigen
„Eydgenoßischen Abgesandten überliefert wor-
„den. Man erfuhr bald, wo das Büchlein ge-
„druckt worden — Der unschuldige Capito
„wurde als der Herausgeber angeklagt, befreyte
„sich aber bald von diesem Verdachte, und be-
„kannte zugleich, daß er das ihm zuvor bewußte
„Vorhaben des Buchdruckers nicht gehindert
„habe, um die Päbstler zu zwingen, daß sie die
„Acta der Disputation ans Licht geben mög-
„ten rc. So viel Hottinger.

Murner hielte sich 1527. und 1528. noch immer zu Lucern auf, und verfertigte ein äuserst niederträchtiges Pasquill auf die Zürcher und Berner. *) Zwingel schrieb deßwegen im Jenner 1527. an die zu Bern versammleten Kantone, begehrte wegen Murners Lästerungen Genug-

*) Siehe Stettler in den Nuchtländischen Geschichten, oder Historie von Bern, S. 665. f. in der Ausgabe von 1627. fol.

nugthuung, und beklagte sich, daß die Originalacten des Badenschen Gesprächs in den Händen dieses Mannes wären, der sie zum Druck befördern sollte, da doch einige Kantone dieselben mit allen ihren Bitten nicht hätten erhalten können. Er zeigte seine Furcht wegen der Verfälschung derselben an, und bewies deutlich, daß Murner nichts als Uneinigkeit unter den Kantonen zu stiften suche. Allein seine Vorstellungen waren fruchtlos, wie Ruchat im a. O. erzehlet.

Im Jahre 1528. veranstaltete der Rath zu Bern ein neues Religionsgespräch. Der abentheuerliche und gotteslästerliche Murner — so nennt ihn Hottinger — wurde zu wiederholtenmalen eingeladen, und auch mit einem sichern Geleitsbriefe versehen; *) allein sein böses Gewissen machte, daß er zu erscheinen nicht wagte. Vielmehr fuhr er fort, zu Lucern allerhand Schmähschriften wider die protestirenden Kantone bekannt zu machen, **) so daß der Magistrat

*) Man lese M. *Buceri* Praefat. Commentarii in Ioannem.

**) Von seinen Pasquillen kann ich keinen Titel angeben, ausser daß in *Gerdesii* Histor. Reformat. T. II. wo von der Bernischen Disputation die Rede ist, eine Stelle aus einem Briefe des Berchtold Hallers an Zwingeln, worinnen er ihn zum Gespräch einlud, also lautet: Aiunt, Murnarum adfuturum, ut de *Calendario suo* (pictura est ignominiosissima et adhuc in manibus nostris, virulentissima animi indicia) rationem reddat.

strat daselbst ihn nicht länger in seinen Mauern dultete. Zürch und Bern verlangten wegen der von ihm erlittenen Beschimpfungen durch Gesandten im Jahre 1529. den 19 Febr. bey der Obrigkeit zu Lucern Genugthuung; und diese lies ihn heimlich entfliehen. So muste dieser unruhige Kopf, von welchem Zwingel in einem gewissen Briefe schreibt: „Er habe von keinem Ort, wo er gestanden, ehrlichen Abschied gemacht„ die Schweiz mit Schimpf und Schande verlassen.

Im Vorbeygehen will ich nur ein paar Worte von der Bernischen Disputation sagen. Der sonst sehr sorgfältige und genaue Ruchat weiß von keiner Ausgabe der Actorum dieses Religionsgespräches, als von der neuern 1608. zu Bern in 4., aus welcher er im II. Tomo seines angeführten Werkes von S. 27. biß 202. einen weitläufigen Auszug ertheilet. Es läßt sich daher leicht der Schluß machen, wie selten die Originalausgabe seyn müsse, die den Titel hat: **Handlung oder Acta gehaltner Disputation zu Bern in uchtland.** Am Ende

steht:

reddat. Und *Ant. Possevinus* in *Appar. sacri* T. II. p. 489. f. meldet von Murnern, er habe alia quaedam geschrieben, excusa germanice, Lucernae Helvetiorum; und davon führt er eben dieses Calendarium an, und schreibt als ein Papist: In quo Lutheranorum mores secundum circulum Zodiaci *graphice* describit.

steht: Gedruckt zu Zürch d. 23. Mart. 1528. 4. Sie wurde bald nachgedruckt zu Straßburg am xj. tag Mey eben dieses Jahrs. In den Unschuld. Nachr. von 1707. S. 46. ff. wird diese Straßburger Ausgabe angeführt; sie begreift ein Alphabet und zwanzig, nicht zween Bogen, und mit dem Register zwey volle Alphabete. *) Aus der Vorrede merke ich folgendes an, welches allerdings hieher gehöret. „Von Lucern heist es, ist „nieman zügegen gsinn (d. i. gewesen) wie„wol sy insonderheit, von einẽ Ersamen Radt „zů Bern bittlich ankert (d. i. angegangen) „worden, rc. Iren Pfarrer Doctor Thoman „Murnar vff diß Disputatz zů vermögen, mit „zůschribung eines gnůgsamen geleydts. Das „aber nüt hat erschossen, über sin hoch berů„men vñ erbieten,„ Gerdesius l. c. berichtet, daß Murner, nachdem die Disputation schon angefangen war, auf Verlangen Bucers und Capitons abermal von dem Bernischen Rathe beruffen worden, auch zu erscheinen, bereit gewesen wäre; allein seine Obern zu Lucern hätten es ihm nicht verstattet. Er genos indessen noch immer aus dem eingezogenen Franciscanercloster

 zu

*) Diese Acta sind in dem 17ten Theile der Werke Lutheri nach der Hällischen Ausgabe eingerückt, und zwar, wie aus dem vorangesetzten lesenswerthen Inhalte S. 67. zu ersehen ist, nach dieser Straßburgischen Edition.

zu Straßburg eine jährliche Pension: da er aber nicht aufhörte, die reformirten Kantone durch seine Lästerungen aufs äuserste zu beleidigen; so wurde ihm auf deren Bitte dieselbige von dem Straßburgischen Rathe im Jahre 1530. zurücke gehalten, und nicht mehr ausgezahlt. *) Wo endlich dieser untheologische Theologe seinen Aufenthalt und seinen Tod gefunden, kann ich zu dato noch nicht ausfindig machen. Nur so viel ist ausgemacht, daß er in der Mitte des 1531sten Jahres noch im Lande der Lebendigen, 1537. aber im Lande der Todten gewesen sey. Jenes beweise ich aus einer Lästerschrift wider die Reformation des seel. Luthers, die den Titel hat: **) **Bockspiel Martini Luthers: Darinnen fast alle Stände der Menschen begriffen, Und wie sich ein yeder beklagt der yetzt leuffigen schweren Zeyt — Maynz bey Peter Jordan, Am xx. Tag Julii. M. D. X. XXj.** Darinnen erscheinet ganz zuletzt

*) S. Ruchat Tom. III. p. 147.

**) Der seelige D. Riederer, mein noch in seiner Asche geschätzter Lehrer, in den Nachrichten zur Kirchen- Gelehrten- und Bücher-Geschichte II. Band S. 226-239. recensirt dieselbe sehr weitläufig, und vermuthet nicht ohne Grund, Cochläus sey der Verfasser; setzt auch hinzu, man könne den Schnecken an seinem Schleim und Geifer untrüglich erkennen. Eine feine Anspielung auf den Namen dieses rasenden Feindes unsers grossen Luthers!

letzt D. Thomas Murner, der sich beklagt, daß, ob er gleich längst die Narren beschworen habe, doch alle seine Mühe vergebens sey. In diesem Bockspiel (so wird die Reformation genennet) fände er erst viele solche Narren, denen er die Ohren abgeschnitten habe, daß sie sich für Luthers Trug hüten sollten, als derselbe erst das Spiel angefangen habe. Hätten sie ihm gefolgt, so dürften sie itzo keine solchen Klagen führen. Allein man habe ihn damals gescholten; er habe müssen einen Katzenkopf *) haben und sey nirgends sicher gewesen. Hingegen sey das Evangelium im Schwang gegangen, das Luther unter einer Bank gefunden. **)

Da Murner hier also redend eingeführet wird, so muß er damals noch gelebt haben. Daß er aber vor 1537. gestorben sey, erhellet daraus, weil an dem Ende seines eigenhändigen Manuscripts von den Institutionen, das wir oben schon angeführet haben, die Worte geschrieben sind: Dono honesti civis Arbogasii Stercker heredis Th. Murneri hic liber ad Theobaldum Nigri Plebanum Petri Senioris Argent. pervenit d. 23. Aug. 1537. ***)

*) In den wider ihn herausgekommenen Satyren wird Murner insgemein also vorgestellt.

**) Wohl! sagte jener; aber welcher Dieb hatte es denn vorher unter die Bank gestecket?

***) Biblioth. Solger. P. I. S. 284.

Murners Schriften werde ich nach der chronologischen Ordnung anzeigen, doch so, daß zuerst seine eigenen, sodann die von ihm übersetzten, vorkommen sollen.

1) Trattatus perutilis de phitonico contractu fratris Thome murner liberalium artium magistri ordinis minorum Ad instantiam Generosi domini Iohannis Woernher de Moersperg compilatus. Am Ende: Friburgi Brisgoiae. 1499. in 4to.

Es steht zwar in Biblioth. Thomas. Vol. III. Sect. II. p. 117. das Jahr 1494. Allein der Augenschein überzeugte mich, daß es ein Druckfehler sey. Corn. a Beughem in Incunabulis Typogr. p. 97. giebt einen ganz falschen Titel an: de quaestu Pyrothonico; und so irret auch Luc. Wadding in Scriptor. Ord. Min. wenn er p. 322. denselben so anzeigt: de Pythonico spiritu. Saubertus in Histor. biblioth. Norimb. führt diese Schrift an p. 204. wo aber Murmer statt Murner gedruckt ist — Sie füllet zwölf Blätter und ist äuserst einfältig, geschmacklos und elend geschrieben. Auf der pagina tituli aversa steht die Zueignung an Joh. Wörnern, *) und am Schluß derselben: Ex Fri-

*) Dieser Wörner oder Wernher war ein berühmter Doctor Iuris, und kommt in einem Briefe des Zasii ad Seb. Brant 1505. vor in *Wenkeri* Collect. Archiv. Iur. p. 141.

Friburgo Brisgaudij Anno MCCCC.XCIX. Der Tractat ist in ein Gespräch zwischen Murnern, Joh. Wörner den ältern, und Casp. Wörner den jüngern, eingekleidet. Es gibt darin der erstere auf drey Fragen Antwort: 1) Cur natura eum (Murnerum) plus coeteris male fortunatum reddiderit? 2) Cur contractus (lahm) redditus sit a phitonica muliere? 3) Vtrumne pium sit credere, si sit. His tribus quaestionibus, setzt er hinzu, praesentem absolvam tractatum. Nachdem Murner das Behexen und Verzaubern statuirt, so sagt Joh. Wörner Bog. A vj. Quodnam remedium est adhibendum contra ista dyaboli impedimenta? Scio tamen, contraria contrariis curari. Quid contra facta dyaboli? Si dixeris orationes, et tu cum sanus sis, quo mediante, scire exopto. Cum te plus in tua egritudine iurasse et vetulae maledixisse, quam orasse seu sanctos invocasse constat. Ergo non est verum, quod dicunt theologi, quod in hominum necessitatibus sancti solum sint invocandi, cum sit aliud, per quod mederi oporteat. Et tu dicis, te sanitatem recepisse unius hominis auxilio — Figmentum componis, dicendo quod sanus factus es ex tactu unius sacci, et aqua, immunditiis scutellarum maculata; invenistine in naturalibus disciplinis, quarum professor es, his in rebus huiusmodi inesse actiones? Tu ergo excommunicandus es ex christifidelium concione — Hierauf antwortet Murner: Video te contra me furore concitatum,

quia verum dixi — Adest vivus Matheus et Iacobus Murner, qui huius rei testes sunt — und vertheidigt sich damit: Est opus meritorium, opera dyaboli destruere — Der übrige Theil des Buchs ist mit astrologischem Aberglauben angefüllt. Man findet dasselbige auch im II. Tomo des Mallei maleficarum eingedruckt.

2) Fr. Thom. Murneri lib. art. studii Paris. Magistri Invectiva contra Astrologos, Serenissimo Romanor. Regi Maximiliano contra Foederatos, quos vulgo Suitenses nuncupamus, interitum praedicentes. Argent. 1499. 4. ist mir blos aus *Schoetgenii* Continuatione Biblioth. Fabric. mediae et inf. Latinitatis p. 722. und aus *Io. Henr. Leichii* libro de origine et incrementis Typographiae Lipsiensis p. 140. bekannt geworden. Die Jahrzahl 1494. in Bauers Bibliotheca libror. rarior. p. 102. ist falsch.

3) Thomas Murner de augustiniana hieronymianaque reformatione poetarum. Am Ende: Impressum Argentine anno salutis. M. D. IX. in 4to.

Ant. Possevinus wuste den rechten Titel nicht, und gab ihn daher in *Appar. S.* Tom II. p. 489. sq. also an: Laudatio Poematum honestorum, vituperatio impudicorum. *Conr. Gesner* in *Biblioth.* p. m. 618. nennt es insulsissimum ineptissimumque librum; und es mag das Urtheil, das **Joh. Mich. Moscherosch** in Wimphelingii

lingii cis Rhenum Germania, Straßb. 1649. von allen Murnerischen Schriften fället, sie seyen marcidum, mutilum et mucidum murmur, besonders von dieser gegenwärtigen gelten. Sie ist 18. Bogen stark, davon zween allemal mit einem Buchstaben bezeichnet sind. Auf der pagina aversa des Titelblats steht: Hieronymiana: Augustinianaque pudicorum commendatio: Impudicorum vero mira castigatio: ab erudito viro doctore Thoma Murner Argentinen. in alma universitate Friburgens. lecta: et in prophanos poetas edita. Auf dem andern Blate findet sich Murners Zueignung an Jac. Locher, den er philomusum, poetarum Germaniae principem, praeceptorem eruditissimum nennet. Sodann folgt Protestatio ad lectorem, worin er unter andern sagt: In meae protestationis contestationem meae lectionis intentum tripertior. Q. prima auditores nros et pntium *) lectores ab omni mordacitate demat. Secunda personam nostram excuset. Tertia quoque quae docemus ab omni reprehensione defendat.

Blat A iiii fängt das Werk selbst an. Der erste Theil desselben handelt de poetis theatralibus s. scenicis, von welchen er nicht viel Gutes sagt, z. E. quod sint mendaces, nugaces, fallaces. Das vierte Capitel hat die Ueberschrift:

*) Soll vermuthlich praesentium, nemlich paginarum bedeuten.

schrift: Quod theatrales non sunt poetae simpliciter dicti: eo quod secundum div. Augustinum non sint eloquentes. Im Vorbeygehen beweist Murner, daß Virgil kein Dichter sey, weil ihm die Eloquentia fehle. Der Schluß ist dieser: Nemo est sine eloquentia poeta; prophani autem non sunt eloquentes. E. non sunt poetae. Maior est evidens; minor est divi Augustini l. IV. de doctr. Christ. qui eorum eloquentiam iuvenilem appellat. Auf diejenigen, welche hieran zweifeln, wendet er die Stelle 2 Timoth. 4, 3. 4. an.

Der andere Theil handelt de poetis imperialibus et canonicis cum intricatione quarti de doctrina Christ. Augustini, und hat 41. Capitel, deren Ueberschriften größtentheils sehr unverständlich sind, z. E. Capitul. I. Nomen poeticum exemplo quatuor doctorum ecclesiae esse semperque fuisse gloriosum. Diese vier Kirchenlehrer sind Augustinus, Hieronymus, Ambrosius und Gregorius. Aber welcher? Der von Nyssa? Oder der von Nazianz? Capitul. IX. Religiosos commendabilior causa movet quod poemata doceant, discant, imitenturque seculares. Capit. X. Eloquentiam quae arte poetica maxime nanciscitur: ad fratres mendicantes qui praedicationis officium spectare potius quam ad Seculares, quibus id officii non est commissa facultas. Der Anfang lautet also: Res haec quam molimur ostendere ut latius innotescat,

nostrae

nostrae almae universitatis Friburg. doctoris eruditissimi sententiam adverbum recenseamus. Daß Ulrich Zasius *) dieser Gelehrte sey, erhellet daraus, weil der von ihm geschriebene Brief, der am Ende dieses Buchs stehet, eben das mit den nämlichen Worten sagt, was in Capit. XI—XV. allbereit zu lesen ist.

Endlich folgt Conclusio.

Finem facio docendi, vos docendi nunquam auditores spectatiss. Si quem movet vel mea in docendo vehementia, vel importunitas fortasse dictorum: quaeso ob id venia dignum iudicate: quod veritatis amore et in nullius irritationem scripserim sive contemtum. Sit vobis tanta contradicendi, quanta mihi dicendi fuit libertas. Ego in commune locutus sum: neque pios solum affectos vos esse praesentia lectores sed ex toto corde cupio liberos esse correctores. Murner ego sum non Edippus (*sic legitur*) homo sum, errare possum. Et quonam modo

*) Dieser Zasius oder Zazius wird unter die Wiederhersteller der Rechtslehre in Deutschland gezehlet, und war Professor zu Freyburg. Ob er gleich dem Pabste anhieng, so hielt er doch unsern seel. Luther für einen grossen Gottesgelehrten, nannte ihn Phoenicem Theologorum, und dessen Commentarium in Epist. ad Galatas ein Meisterstück. Man darf ihn mit seinem Sohne gleiches Taufnamens, der Reichsvicekanzler war, nicht verwechseln.

modo aegre ferre potero, si quis misericordiae in me adimplebit officium vir bonus et errantem ad viam veritatis revocabit? Ego quantum mea tarditas ingenii patitur, veritatem perquisivi et elucidavi, quam qui elucidant, habebunt vitam aeternam. Amen.

Hierauf ließt man den schon im Werke selbst eingerückten Brief Vdalr. Zazii de poetis profanis a religioso non legendis nebst Murners Beantwortung desselbigen; und noch einen Brief mit der Ueberschrift: Celeberrimae doctrinae viro Doctori poetaeque laureato Thomae Murnerio, Ioa. Schottus Argentin. Salutem et obsequium dicit — am Schluß: Raptim Argentinae ex officina libraria tertio nonas decembres. Anno MDIX. Die Antwort Murners ist eben so unerheblich als der Brief selbst. Zuletzt findet sich ein merkwürdiges Schreiben an Murnern von dem General der Franciscaner, der ihm die Erlaubniß ertheilt, die lauream poeticam anzunehmen und auf einer Ordensversammlung als Orator zu erscheinen:

In Christo sibi charissimo Thomae Murner, ord. Minor. sacrae Theol. Baccalaureo, frater Egidius Delphin de Pomeria, ejusdem professionis Doctor, ac praefati ordinis generalis minister et servus. Salutem et Pacem in domino aeternam.

Cum haud fallaci totius prouinciae tuae, testificatione didicerimus, et ad plenum informati

mati ſumus, a tenera inventute virtutes ſingulas ferventer te excoluiſſe et nedum theologicum curſum peranxie et diligentius expleviſſe; verum etiam ſacris poematibus et oratorum lectionibus operam impendiſſe fidelem, uſque adeo, ut veterum poetarum dogmata (etſi infidelium) in res theologas aſſoleas commutare: perverſam exiſtimans latinitatem, qua divina maieſtas contaminaretur, eſſeſque beatus, qui bonis conareris infringere mala. Quo nos litterario ſudore virtutumque tuarum exercitio permoti affectique, ut te denique ad quaeque laborum et virtutum incrementa excandeſcentius inflammes, caeteriſque in te ſtudiorum exempla paterna praeberemus: favem9, concedim9 et benigne annuimus, ob ſereniſſimi clementiſſimique Maximiliani Rom. Regis ſemper Auguſti amores et favores, imo et aſſiduos ad deum ipſum precatus, quos pro eiusdem inviciſſimi principis perſona, totaque Auſtriae domo ex tota noſtra religionę indeſinenter fecim9: quatenus ab eodem principe pientiſſimo in perpetua tuorum ſtudiorum praemia laureari valeas: et in poetam oratoremque laureatum decorari et inſigniri. Neque enim dedignabimur a terreno principe noſtrorum laborum ſuſcipere praemia *) — Velim itaque, et in virtute ſanctae obedientiae mandantes tibi iniungimy; ut quia dona

*) Wer muß nicht dieſe ſtolze Sprache belachen?

dona paterna tibi concrevere, crescant etiam in te donorum rationes, ut illa duntaxat poemata sequaris, quae casta sunt et pudica *) — sacratae religionis nostrae famam, doctrinam, personas extollas et defendas — ac in nostro generali capitulo in proximo festo Pentecostes Romanae per sanctam obedientiam compareas: decantaturus et peroraturus, quae ad ordinis unionem reformationemque expedire videntur — Vale in Christo Iesu et ora pro me. Datum in civitate Viterbii die XXVI. Sept. M. d. VI. Frater Egidius Generalis concedit. Visa et registrata F. M. de Mantua.

Man findet dieses Buch in wenigen Verzeichnissen seltener Bücher, auch nicht einmal in J. J. Bauers so betitelten vollständigem Verzeichnisse rarer Bücher.

Ich schreibe Murnern

4) ein Buch zu, welches dem ersten Anblicke nach zweifelhaft scheinet, nämlich: Von Eelichs Stadts nutz vnd beschwerdē durch Joannē Murner gedicht vñ gemacht.

*) Mögte doch Murner diese Erinnerung mit einem heiligen Gehorsam befolgt haben! Wir würden in seinen deutschen Schriften nicht so viele Zotenreiche Verse antreffen, wobey die Tugend erröthen muß.

macht. *) Mit einem Holzschnitte, worunter man liest:

„Der weiß nit von Eelichem Stadt
„Der in nit selbs geiebet hat
„Dorumb soll er dis Biechlin lesen
„So lernt er was ist eelich wesen.

Der Format ist Quart, und weder Jahr noch Ort des Druckes angezeigt. Ich gestehe, der Name Johannes machte mich anfangs ungewiß; allein wie bald hat der Drucker aus Thoman Joannē machen können, da ich bemerke, daß die ganze Schrift sehr nachläßig und fehlerhaft abgedruckt ist? Ueberdies getraue ich mir zu behaupten, daß sie zu Straßburg herausgekommen, und zwar bey eben dem Matthias Hupfuff, der 1512. Murners Narrenbeschwörung druckte: Denn in diesen beeden Schriften erblickt man eine und eben dieselbigen eckelhaften Titel- und Columneneinfassungen. Ich nehme ferner Murners elsaßische Schreibart, seine Dichtungsmanier und einen solchen Schluß wahr, wie er ihn an verschiedene andere Bücher zu machen gewohnt war — Dieses Werkgen ist sechs Bogen stark und mit verschiedenen Holzschnitten versehen. Der Inhalt besteht kürzlich darin: Blat a ij: des jungen Eemans klag von

*) Es kommt in Bibliotheca *Io. Frid. Christii* P. II. p. 222. vor. In Bauers Bibl. libr. rarior. T. III. p. 102. steht an statt Eelichs etlichs.

von syner frawen. Blat b: Verspruch (oder Vertheidigung) des Lewybs zů dem alten (einem Greis) Blat B ij: Des alten straffred gegē dem frewlin. B iiij: Des alten klag: das er nit frieg (d. h. bey Zeiten) sich vermehlet hab. B. 6. Des jungē straffred zů des alten vermehlung B. c 4. Trost der Alten Vermehlung. B. D iiij: Klag der beschwerden Alter Vermehlung. B. D 6. Trost vnd Freud rechtmessiger Vermehlung. Daraus führe ich eine einzige Stelle an:

„Jetzt nemen zwey eynander geschwind
„Die beyd nit drissig jar alt sint
„Das schendtlich ist der geistlicheit
„Zu dulten, on groß vnderscheit —

Zuletzt folget, völlig im Murnerischen Geschmacke,

„Entschuldigung des Dichters.

„Ir lieben frůnd, frauw oder man
„Ir solt mir nit vorůbel han
„Das ich von dingen hab gseit (gesagt)
„Des grunds ich doch nit hab bescheit *)
„Ich habs mir aber lossen sagen —
„Ich wil auch menglich flyssig betten
„Ob ich mich hett hie ůbertretten

„Jn

*) Denn als ein Mönch mußte er im ehelosen Stande leben.

„In disem gedicht vnd myner ler
„Das man mirs zum besten ker
„So ichs doch niemandts zů lieb noch leydt
„Insunderheit will haben geseit
„Vñ mir das fründlich woll vergeben
„Gott geb vns allen ewigs leben.
„Amen.

5) **Die Mülle von Schwyndelsheym vnd Gredt Müllerin *) Jarzeyt. Am Ende: Gedruckt zů Straßburg durch Matthis Hüpfuff. In dem iar als man zelt M. VC. vñ XV. in 4.**

Herr **Weller in dem Alten aus allen Theilen der Geschichte** 1. B. S. 400. recensirt dieses Gedicht, nennt es eine Stachelschrift auf mancherley Unarten der Menschen, und sagt am Ende, es sey in Straßburg oder in der dasigen Gegend gemacht und in der Elsaßischen Mundart ausgedrückt. Daß aber Murner der bißher unbekannte Verfasser sey, beweise ich aus folgender Satyre wider Murnern: **Ain schöner dialog9 zwischen aim pfarrer vnd aim Schulthayß, betreffend allen übelstand der gaystlichen** rc. in 4. ohne Jahr und Ort. Darin lese ich Bog. C 3. „Murner hat — her„für-

*) Gredt Müllerin war vermuthlich eine bekannte Lais ihrer Zeiten. Murner gedenkt ihrer in seinen poetischen Schriften sehr häufig.

„für gebracht, Die hoch ergründtẽ leer, mit „namẽ die narrenpschwerung, die schelmenzunft, „der Greth Müllerin iartag, Auch den vlenspyegel,*) vnd andre schöne Büchle mer,„ rc

Diese Schrifft ist mit vielen seltsamen Holzschnitten gezeichnet. Der erste stellt einen Esel vor, der aufgerichtet auf einem Kissen sitzt, einen Scepter mit dem Fuße hält und einen gestickten Mantel auf der Schulter trägt. Ich will den Inhalt der darunter stehenden Verse kürzlich erzehlen: „Ein Müller klagt, daß man ihm seinen Esel nicht stehen liese, sondern ihm allenthalben so viel Ehre erzeigte daß er ihn nicht mehr behalten könnte. Einsmals sey er ihm entlaufen; und als er ihn gesucht, habe er ihn gefunden, mit einem güldnen Stücke und einer Crone geziert und auf einem weichen Kissen sitzend — Der Müller sagt, daß die Bürger seinen Esel in den Rath gesetzt, und der Kaiser ihn geadelt habe — Beym Goldschmiede sitze er im Laden, beym Kaufmanne im Gewölbe. Er habe ihn auch im Chor der Kirche angetroffen, da er sich für einen Doctor ausgegeben — Er sey in

*) Also wäre Murner der Verfasser des Eulenspiegels. Wadding in dem angeführten Buche S. 325. hält ihn auch dafür, welchem Jacob Thomasius beystimmet. S. Excerpta e cel. Iac. Thomasii Epistolis apud *Struvium* in Actis Litterar. Fascic. VII. p. 41. Ich wünschte hierüber eine nähere Belehrung.

in dem Barfüßercloster Gardian, und bey den Predigermönchen Prior geworden — Er sey auch auf der hohen Schule auf dem Lehrstuhle gesessen rc. „ So wenig schonte Murner irgend eines, auch nicht seines eignen Standes — In dem ganzen Gedichte sind durchgehends vierfüßige Jamben; die Reime sind gröstentheils männlich; doch kommen auch weibliche vor, welche aber mit diesen nicht ordentlich abwechseln.

6) **Doctor thomas Murners Narrenbeschwerung.** Mit einem Holzschnitte auf dem Titel. Am Ende: „Getruckt vnd vol„lendet in der loblichen statt Straßburg durch „Mathiam Hupfuff Als man zalt von der „geburt vnsers Herrn Tusent Fünfhundert „vnd Zwölff Jar.„

Der seel. **Herdegen** in seinem Programm von Murners Logik führt eine Ausgabe von 1506. in 4. an, die ich aber sonst nirgend angezeigt finde. Hingegen sind mir folgende neuere bekannt geworden:

1518. zu Straßburg in 4. *Bibl. Solger.* P. II. p. 373. A. 1522. eben daselbst und in gleichem Formate; sodann einige von **Georg Wickram** durchgesehene und verbesserte Editionen, unter dem Titel: „Narrenbeschwerung, „Ein gar sehr nützliches und kurzweiliges Büch„lein, durch Ge. Wickram auff ein neuwes „vberlesen, auch die Reimen gebessert und ge„mehrt, 1556. zu Straßb. mit Kupf. in 4.

 1558.

1558. eben daselbst auch in 4. und 1565. zu Frankf. in 8. Die Wickramsche Verbesserung der Reimen ist sehr unerheblich, so wie die Holzschnitte weit schlechter sind, als in den erstern Ausgaben von 1512. und 1518.

Dieses Murnerische Buch enthält beissende Klagen über das Verderben und die Thorheiten aller Stände, besonders der Kirche im Pabstum, und verdient daher, gelesen zu werden. Die Verse sind für die damaligen Zeiten ausnehmend gut. Es ist auch Witz genug darin. Nur die Einkleidung ist unschicklich, und der schmutzigen Stellen sind zu viel — Ich habe die beeden Ausgaben von 1512. und die von 1518. welche Joh. Knoblauch druckte, vor mir. Beede sind mit einerley eckelhaften Einfassungen und unflätigen Holzschnitten versehen; beede gehen biß auf Y. Da aber immer zween Bögen mit einem Buchstaben bezeichnet sind; so ist eine jede 34. Bögen stark. Der Unterschied mögte dieser seyn, daß die Holzschnitte in der erstern besser ausgefallen sind, als in der letzern. In beeden sind sie öfters unter solche Rubriken gekommen, wo sie nicht hingehören.

Die Vorrede ist, wie das ganze Werk, in Verse gefaßt, und enthält zuerst „Eine Verachtung des Dichters„ sodann „die Antwurt desselben.„ Und hier lese ich Murners Erklärung:

„Myn

„Myn datum hab ich also gesetzt
„Das ich mit willen niemants letzt
„Ich red in lufft, vnd dicht der gemein
„Wurf ich dich mit eim schelmen bein
„Vnd du woltest schnurren drab (d. h. darüber.)
„So weiß ich das ich troffen hab.„

Unter der Rubrike: „Ein wechsen nase machen„ sagt er von sich und andern seines Standes:

„Wir sindt die ersten die verspotten
„Das wir dich leren und dir roten —
„Wir wysent dich den rechten weg
„Vnd louffent selbs den affen steg
„Derselbig weg, die Hymelstroß
„Jetz ist er eng, dañ ist er groß
„Jetz ist er lang, yetz ist er wyt
„Nachdem ein yeder opffer gyt
„Dañ redent wir nach vnserm bdunken
„Darnach wir etwan habent trunken —
„Die tüfel sindt vns yetz zů gschickt
„Das der fürwar einfeltig ist
„Dem durch myn ler ein sel entwischt —

Schönes Bekenntniß eines Doctors der heil. Schrift, eines Seelsorgers!

Bogen B ij eifert er wider eine Gewohnheit, die von den Weltweisen und Aerzten unsrer Tage gleichfalls verworfen wird;

„Manche mutter macht ein narren
„Weñ sy wolt trüwlich, erlich faren

 „So

„So brecht sy wol ein wyses kindt
„So sy sunst ein narren findt
„Das kind seügt ir ein ander wyb —
„Darumb müß sy ein narren han
„Das nem sy für den werdt daran
„Deñ nach der seügerin natur
„Gewonlich nachschlegt creatur
„Für edelkindt wirt dir ein pur (Bauer)

In dem Capitel mit der Ueberschrift: „Geuch (Narren) ausbrieten„ beschreibt er einen unwissenden Magister:

„Er will mit schall seyn meyster peter
„Mit schweren dritten eynher geht er
„Meyster ist er der siben künst
„Ach Gott weñ du ein halbe findst —

Blat D iij heist es:

„Christus gieng am bettelstabl
„Hatt weder goldt noch zytlich hab
„Als geistlich herrschafft yetzundt hat
„Vnd hatt auch weder landt noch statt
„Das blat hat sich yetz vmbgekert
„Die geistlichent hat kriegen glert —
„Würt ein prelat yetzundt gemacht
„So hat er sorg vnd grosse acht
„Wie er der kirchen narung blinder (plündere)
„Vnd syne vettern ouch syn kinder
„Mit der kirchen güt begab
„Vnd von der gans ein feder hab rc.

Auf

Auf dem Blat g schildert er böse Advocaten also:

„Ee das ir das benedicite machen
„So sagt ir von des puren sachen
„Wie ir eyn feißten puren handt
„Doby ir üwer gest ermant
„Das sy die sach hoch extollieren
„Den puren by der nasen fieren
„Vnd leßt im für eyn wild vergicht (Urgicht, Urtheil.)
„Ouch ratendt im ins kamergericht
„Spricht er denn er sey zu arm
„So sagt ir das syn sach stee warm
„Euch statt (steht) sy warm ir wermt euch fry
„So der pur erfrürt doby rc.

Ueber das Betteln der Mönche spottet er Blat g iiij

„Pfaffen die vil pfründen handt
„Betlen dennocht alle sandt
„Man muß in geben competenz
„Zehendt, opffer, vnd presenz —
„Ich müß die ordenslüt ouch riegen
„Die niemans kan yetzundt vergniegen
„Vff dem landt vnd in den stetten
„Heischen, geylen, fordern, betten —
„Trag her, gyb vns ymer plus
„Dem sack dem ist der boden aus.

Blat H 7 finde ich ein noch itzo gewöhnliches Sprüchwort:

 „Frün-

„Frûnde waß es gat an not
„Gond vier vnd dryssig vff ein lot
„Vnd waß sy sollent behilflich syn
„So gondt siben vff ein quintyn.

In dem Capitel: „Die schaf schinden,, schreibt Murner:

„Der zyns die stûr vnd ouch die bett
„Die oberkeit erdichtet hett
„Vngelt *) hilff in aller welt
„Bruckenzoll vnd das vngelt
„Wachen, hietten, schenken, reisen
„Machen leider witwen, weisen
„Im todt wendt (wollen) sie ouch hon
den fal **)
„Zû nûrenberg ließ man in die wal
„Hie ließ man sy den ritten hon
„Ece das man geb den val davon. ***)

Blat

*) Das Umgeld war damals in ganz Deutschland ein allgemeiner Gegenstand des Klagens und Murrens.

**) Murner klagt hier über die gehäuften Auflagen, und besonders über das sogenannte Hand- und Sterblohn, welches einige Landleute und Güter auch bey uns an die Eigenherren bey Sterbfällen entrichten müssen.

***) Ein Kenner unserer vaterländischen Geschichte wird vielleicht diesen Umstand verstehen, den ich aller angewandten Mühe ohngeachtet nicht deutlich machen kann.

Blat J 6. in dem Capitel von „den heiligen gütern„ stehen die beisenden und verwegnen Ausdrücke.

„Aber sent der tüfel hat
„Den adel bracht in kirchen stat
„Syt man kein bischof me will han
„Er sy dann gantz ein edelman
„Der tüfel hatt vil schüch zerrissen
„Ec das er solchs hat durchgebissen
„Das der fürsten kinder all
„Die infel tragen wendt mit schall —
„Es soll kein fürst ein pfarrer syn
„Wes nympstu dann die gülten yn —
„Das kumpt allein von fürsten her
„Die wöllent nit syn betteler
„Vnd wendt nit leren, singen wyhen,
„Sunder alle arbeit schyhen (scheuen)
„Des machstu dir ein wyhebischof
„Dem heltstu gar ein schlechten hof
„Der ist für dich gelert vnd clug
„Vnd thut dym ampt allein genug
„Hettstu nur eyn vicarier
„Der für dich in die hellen fier
„So möchtest wol von freuden sagen —

Einen abermahligen Beweiß von dem schrecklichen Verderben der Kirche geben die Wort Blat L iiij.

„Wir kouffent vnser glück vnd heil
„Sag mir was ist yetzundt nit feil?

„Tugent, ere vnd erberkeit
„Verkoufft vns als die geistlichelt
„Reů vnd leidt vmb vnser sündt
„Dasselbig als man kouflich sindt
„Gnad, vnd ere, auch iren gunst
„Das sy entpfangen hand vmbsunst
„Von christo ihesu in sym leben
„Das sieß vmbsunst soln widergeben —

Uber das Gelübde der freywilligen Armuth spottet der Franciscaner also:

„Wer yetzundt in ein closter begert
„On bringen ist er nymmer werdt —
„Das ist ein wunderlich geschicht
„Das ich zu armut mich verpflicht
„Vnd muß doch goldt vnd guldin hon
„Man ließ mich sunst dahinden ston —
„Kündt einer yetzund salomons kunst
„Vnd kem on schenck es wer vmbsunst —
„So man vmb schencken gibt das ampt
„Vß (hinaus) an galgen allesampt —

Noch eine Stelle aus dem Capitel: „Den esel überladen„

„Pfrienden vnd geistliche gaben
„Die miessent nun die esel haben
„Die esel ladt man allesampt
„Vnd gibt ir yedem ein gut ampt
„So ein gschickter sticht darneben.
„Man wil nun eseln pfründen geben
„Der sol ein gantze pfarr regieren
„Den armen mann göttlicher fieren

„Vnd

„Vnd kan doch selber nit ein trit
„So weißt er auch zu singen nit
„Vnd blert nun wie der esel thut
„Es thut fürwar die leng nit gut
„Das du dem esel gibst den lon
„Der nymmer kompt in die kirchen ston
„Es sind wol etlich pfarrer gewesen
„Die kundten weder singen lesen
„Soltens predigen oder singen
„So musten sy ein andern dingen
„Solten sy die messen haben
„So musten sie es vor buchstaben
„Vnd blettern wol ein halbe stundt
„Ee er die messen finden kundt —

Endlich der Beschluß dieses Werkes ist der:

„Diß ist von Doctor murner worden
„Geschriben von der narren orden
„Ich hab kein schympffred hie gethon
„Die nit ein grossen ernst müg hon
„Das findtstu clärlich zu latyn
„Wie ernstigklich myn schympff wöl syn
„Zu franckfurt hab ich an dem main
„Diß buch beschriben zu latein
„Vnd zu tütsch darzu gepredigt
„Wen ich hab dadurch geschedigt
„Der wöl durch gott mir das vergeben
„Des geb im gott das ewig leben
Amen.

Man glaube nicht, als wäre etwa Murners Narrenbeschwörung auch lateinisch und zwar

ernst.

ernsthafter von ihm herausgegeben worden. Am Ende eines andern Buchs mit dem Titel: Gäuchmatt prahlt er:

„Warlichen, fünfzig bücher hab
„Gedichtet ich, geschriben ab
„Darin ich brauch bey meinem eidt
„Nichts denn alle geystlichheit
„Und was da ernstlich wirdt geseyt.
„Wenn nun die drucker das ersehen
„Sobald sy mir ins Angesicht jehen (sagen)
„Es ist (taugt) nit, götlich lieber herr —
„Vnd schreib ich dann wies yn gefelt
„Vnd hetsch recht mit yn wie sy wöllen
„Mit grossen sprüngen zu der hellen
„So kommen sy vnd brocken yn
„Ich soll das schryben zu latin
„Vnd nit in tütsche reymen machen
„Es seyen nit eins Doctors sachen
„Den geb. ich antwort wieder das
„Kein tütsch buch nie getichtet was
„Von mir in meinem ganzen leben
„Ich dichts latynisch ouch darneben
„Ich will dirs zeigen kumm zu mir
„Vnd will dirs sie all tragen für —
„Das sie so langsam vßhin gont
„Da sind die trucker schuld daron —
„Die trucker lesent als vß meinem schreiben
„Darauß sy mögent pfenig treiben rc.

Daß Murner dergleichen Vorträge an das Volk als Prediger gehalten, ist nach den Sitten der damah-

damahligen Zeit zu beurtheilen. Joh. Geiler von Kaisersberg, ein Zeuge der Wahrheit, der, wie Murner, das Verderben der Kirche einsahe und ernstlich bestrafte, hielte zu Straßburg 1498. Predigten, bey welchen er Seb. Brands Narrenschiff zum Grunde legte.*) Sie sind öfters gedruckt worden. Man s. Altes aus allen Theil. der Geschichte, 1 B. S. 235. fgg.

7. Logica memorativa Chartiludiu logice; sive totius dialectice memoria: & novus Petri hyspani textus emendatus: Cum iucundo pictasmatis exercitio: Eruditi viri. f. Thome Murner Argentini: ord. minoR: theologie doctoris eximii. Argent. 1509. 4. per Jo. Grüninger. Mit sehr vielen Holzschnitten.

Diese erste und höchst seltne Ausgabe beschreibt ein ehemaliger hiesiger Proseßor und verdienter Lehrer, der seel. Herr Joh. Herdegen in seinem Schediasmate de Thomæ Murneri Logica memorativa, Norimb. 1739. fol. umständlich. Murner war der Erfinder der elenden Kunst, die Wissenschafften beym Kartenspiele zu lernen. Er sagt in der Vorrede zu diesem abentheuerlichen Werke, weil er gesehen, daß die jungen Leute durch die Schrifften des Petri Hispani, woraus sie die Kunstwörter der

*) S. Morhofs Unterr. von der deutschen Sprache, Cap. 7. S. 363. und Gundlings Colleg. hist. litt. II. Th. S. 658.

der Dialektik lernen mußten, abgeschreckt wurden, so habe er den Entschluß gefaßt, sie durch Bilder und Figuren in Form der Spielkarten auf anmuthigere Weise zu unterrichten — Sein Buch ist in 16. Tractatus getheilt, deren jeder mit einem gewissen Bilde bezeichnet ist, z. E. der erste de enunciatione mit einer Schelle, der zweete de prædicabili mit einem Krebse, der dritte de prædicamento mit einem Fische, der vierte de syllogismo mit einer Eichel u. s. w. Der Erfolg von dieser Lehrart war so glücklich, daß man Murnern anfänglich für einen Zauberer hielte. — Seine Schüler lernten die Vernunftlehre in einem Monate, welches die Kräfften der Natur zu übersteigen schiene. Die Sache gieng so weit, daß sich Murner genöthiget sahe, zu seiner Rechtfertigung den Lehrern der Universität Cracau sein neu erfundenes Spiel zu offenbaren, die es nicht allein billigten, sondern auch als eine göttliche Erfindung bewunderten. Dies alles wird in dem am Ende des Werks beygefügten Testimonio magistrali Cracoviensium erzehlet. Murner selbst in dem Prologo Bog. A ij. sagt: Testor deum, quod praxim hanc præsentem in universitate friburgensi legi. discipulos habui etsi paucos, qui ex simplici chartarum intuitu mox in imaginibus quasi in libro recensebant etiam promptissime: ut fere pro litteris imaginibus uterentur: sed præter iactantiam ego loquor.

Dieses

Dieses monströse Werk, welches **Joh. Just. Winkelmann** in seiner unter dem Namen *Stanislai Minck de Weinsheim* edirten Logica memorativa *) nachgeahmt hat, ist zum andernmahle 1609. zu Brüssel in Octav durch Thom. Vanduot herausgegeben worden, welche Ausgabe Niceron im XXI. Tom. seiner Memoires S. 361. fälschlich für die erste hält. Zum dritten mahle edirte es mit Anmerkungen Joannes Balesdensis 1629. zu Paris in Octav. S. *Freytagii* Analecta litt. p. 621. *Paschium* de Inventis nov-antiquis C. II. p. 136. und des berühmten Herrn **J. G. Walchs** Parerga academica p. 824. ff. und **Reimmanns** Einl. zur Hist. litt. der Deutschen 3. Theil S. 457.

8. „Der Schelmen zunft anzeigung alles weltläufigen mutwills, Schalckheiten vnd bübereyen dieser zeytt durch Doctor Thomas Murner. Mit vielen Holzschnitten. **Am Ende steht:**

„Von doctor Murner ist die zunfft
„Zu franckfurt predigt mit vernunfft
„Entlich getruckt, auch corrigirt
„Zu Augspurg vnd mit fleyß vollfürt

Durch

*) Man hat davon zwo Ausgaben. Die erste ist 1659. in 12. zu Halle, die andere 1725. in 8. zu Frankf. u. Leipz. mit der Avinschen Abhandlung de variis discendi methodis memoriæ causa inventis vermehrt, ans Licht getreten.

„Durch Silvanum Otthmar fürwar
„Im fünfhundert vnd XIIII. jar
„Bey sant Ursula an dem Lech
„Gott vnser mißthat nymmer rech.

Die allererste mir nie zu Gesicht gekommene Ausgabe muß 1512. ans Licht getretten seyn. Das lehrt mich der Beschluß der neuesten Auflage dieser Schelmenzunft Frankf. 1618. in Octav, welche nach jener ersten muß abgedruckt worden seyn. Er lautet so:

„Der Schelmenzunfft mit ihrem Orden
„Zu Frankfurt ist geprediget worden —
„Und gedruckt nach Christi Geburt
„So tausend Jahr gezehlet wurd
„Funfzehenhundert und zwölf Jahr
„Was drinnen steht, fehlt nit ein haar —

Der Inhalt dieses Werkgens ist mit der angeführten Narrenbeschwörung einerley. Ich führe eine einzige Stelle an, und zwar aus dem Capitel: **Der Teufel ist Abt.** Hier heists:

„Wie dünckt das ewch so frembde mere (Mähre)
„Ob der teufel Abt schon were.
„Man find wol sollich böß Prelaten
„Die thund viel teuflischer gethaten
„Dann der teufel in der hellen.
„Geistlich prelaten iagen wellen,
„Blasen, heulen, Hochgewild fellen

„Vn-

„Vnsiñigklich rennen, beitzen
„Den armen Leuten durch den waitzen
„Mit zwentzig, dryssig, viertzig pferdē
„Seind das geistlich prelatisch berden
„Weñ die bischöff ieger werden —
„In Clöstern thund das ouch die Ebt
„Ich weis wol wi man driñen lebt —
„So wollt ir yetzund Fürstlich leben
„Wert jr drauß man wirt euch gebē
„Schmale pfeñigwert zu essen
„Der teüfel hat ewch gar besessen
„Das jr doch auß geystlichen gabē
„Vilmehr hund gezogen haben
„Dañ brüder in dem closter sind
„Oder sunst geystliche kindt
„Vnd hand das closter gar vergifft
„Die pfründen vff die hund gestifft —

Man hat von diesem Buche noch folgende Ausgaben:

vom Jahr 1516. zu Strasburg in Quart bey Joh. Knoblouch.

vom Jahr 1567. zu Frankf. in Octav.

vom Jahr 1558. zu Strasburg in Quart mit dem Titel: **Die alte und neue Schelmenzunft.**

vom Jahr 1618. zu Frankf. in Octav, mit in Kupfer gestochenen Figuren. In dieser Ausgabe ist sehr vieles weggeblieben, das in den erstern angetroffen wird; sie hat also auch nicht gleichen Werth mit denselben. Man hat von dieser Schelmenzunft auch zwo Uebersetzungen: eine lateinische, mit dem Titel: Nebulo nebulonum, h. e. Joco-seria nequitiae censura — annis abhinc centum censore Murnero rhythmis germanicis edita, nunc iambico dimetro carmine amicta & latinitate donata a *Jo. Flitnero*, Franco, P. L. Francof. ad M. 1663. 8. Diese besitze ich selbst, und finde, daß die Kupfer eben dieselben sind, welche in der deutschen Edition von 1618. stehen. Es sind mir noch zwo ältere Frankfurter Ausgaben in Octav bekannt geworden, nemlich von 1620. vermuthlich die erste, und vom Jahre 1644. Die holländische Uebersetzung ist in Duodez ohne Anzeige des Jahrs und Orts gedruckt worden. Ihr Titel lautet so: Nebulo Nebulonum, dat is der vielten affgerichten Vielt ofte Boertig Ernst, avergeset — dorr Petrum Baar Med. & P. L. C. Sie ist in holländischen Versen abgefaßt, füllet sechs Bogen und hat artige Kupferstiche, welche zum Theil nach denen im Flitnero gestochen, zum Theil neu erfunden sind.

Ein Pendant zu Murners Schelmenzunft soll vermuthlich seyn eine von einem ungenannten Verfaßer herausgegebene Piece in Quart von einem Bogen mit dem Titel: der brüder orden inn der schelmen zunfft — Mit einem

nem Holzschnitte, welcher zween trunkene Mönche auf der Erde, einen aber auf dem Tische liegend vorstellet, dem ein vierter einen vollen Becher in den Mund gießt — Diese Satyre bestraft die Faulheit und Wollust der Ordensbrüder: Die erst regell ist leben one alle regel, die moß trincken one Moß — ee ym würtshuß funde dan in d' kirche — Die neint regell Wir sinnd unsers Herr gots meßtsüwe — Getruckt zu Straaburg 1516.

Das Original ist lateinisch, und heißt: Secta Monopolii: seu Congregationis bonorum sociorum. Alias die Schelmenzunft. Ein Boge, an dessen Ende steht: Impressum S. Anno M.D.X.V.

9. Ludus studētu Friburgensium; und darunter in einem Holzschnitte ein Mann, der in seiner linken Hand ein Buch, unter demselben aber ein Bretspiel hält. In Quart von 4. Bogen. Am Ende steht: Beatus Murner Argentineñ. Francphordie imprimebat Anno dñi 1511.

Ist eine seiner monströsesten Schriften, worin er mit überstülptem Witze die Regeln der Prosodie auf einem Bretspiele vorlegte, und wovon es in Epistolis Obs. Viror. p. m. 164. heist: Composuit unum ludum Scaci, in quo trahuntur quantitates syllabarum. Sie ist sehr selten,*)

*) Ich habe sie nirgend auser in Hirschii Millenariis gefunden.

mit den sonderbarsten Figuren versehen, und überhaubt so beschaffen, daß es unmöglich ist, einen deutlichen Begriff davon zu geben. Unglückliche Jünglinge, die daraus die Prosodie erlernten! Indessen steht gleich auf der umgewandten Seite des Titels:

Mathias Sambucellus.

Ingeniosa cohors ludas paradigmate miro
Quod tibi Murnerius condidit ecce thomas
Quo bene si ludis caute quoque lúdere noscis
Concito quanta foret syllaba quaeque scies.

Auf dem andern Blate steht:

Vitus Geyszfel hagenoius Lib. art. magister. Studiosis adulescentibus Salutem.

Cervicis tam est dure adulescentum prona temeritas, ut illa quibuscum senescit raro vel nunquam obliviscatur, nec evelli possunt, esto perniciosissime tenteturque longa sunt assiduitate perdocta. Veniunt ad universitates studiorum non ludorum causa, at imemores propositi studium ipm puerpera ludum infelix monstrum est enixa, Quē partum, studiosis præcipue, molestissimum suffocare ac penitus extirpare vel non sinit stultitia vel retrahit malitia. Hoc ergo monstrum, quod nulla unquam potentia compescuit, & nec ulla perceptio perdomuit, Thomas murner alacris & mirabilis igenii vir, traditionisque fidelissime doctor egregius, vafro & audaci dogmate aggressus, non quo extirparet

ret penit9 aut evellat radicit9 ſed quo mala bonis infringat aſtuti9 & frequentias alacritates patiẽtiſſima doctrina donaret eruditi9 op9 *religioſo viro dignum Chartiludium mirabile dictum* effinxit, *taxillorum uſum* edocuit. *Scacum interpretat9 eſt*, & caſtiſſime nos ludere informavit ludo quo perdens lucratus, lucrans artibus ingenuis condonatur. Quis hoc audivit antea? aut quis vidit ſimilia, ſed laudandi finẽ ſatio, opus cōmẽdat opificem, videatur quid intenderit, inſpiciatur quid ludẽdo docuerit, *Chartiludio logicas argutias, taxillis & Scaco ſyllabarum quantitates* memoravit. Intentio ſancta & felix doctrina, nec poſſunt eſſe mala que ad tam glorioſum finẽ ſunt ordinata. Facit tamen antiqu9 hoſtis quod nec doctoris alioqui eruditiſſimi tractationes oblocutionib9 careant, dicunt vel non eſſe poſſibile quod promittit, vel fuiſſe fallax ſomniolum, rẽ tam admirande invẽtionis aſpernantes, nullum doctoris mẽtẽ intelligere poſſe, etiam pertinaciter affirmantes. O tarda ingenia & vel livoris vel invidentie tenebris obvoluta, aſſueta ruſticitatis & *groſſitatis* infecta caligine. Ego igitur Vitus hagenoius artium liberalium mḡr &c. ego quidẽ ingenio tardiſſim9, ſed nec adeo tardy quin eiusce ludi mihi ſit ſpeties cognitiſſima, gentilitatis amore permot9, hanc nos provintiam ſuſcepiſſe dinoſcant, doctoris Murner ludum me defenſurum, & illi9 ſcaci utilitatem perdocturum, rem eſſe veram, doctrinam laudatiſſimam

 & iu-

& iucunda brevitate admirabilē. Sed aiunt qui devotionis titulo, & ſanctitatis palliolo teguntur, hoc nos ludo abuti poſſe, quibus ego reſpondeo, nil tam eſſe nitidum, tam & politum, quin abutentium errore depravari poſſit, quid hoc ad doctorē egregium, aut quid ad chriſtum quod a perverſis hereticis eiꝰ ewangelium in varios contorqueatur errores. *) Sat eſt doctori innocuo ſue mentis caſtitas & intenti finis glorioſa probatio. Ludum murnereum hoc tractatu habes ecce defēſum & quod vera ſit traditio, denuo perdoctum. Valete ſtudioſi mirabilem hanc inventionē amplectentes, Ex friburgē gymnaſio.

Thomas Murner lectori.

Primum omnium lectorem verecundam ſtatui veniam deprecari ne vel me luſorem exiſtimet, aut ſortis noxie precepta putet traditurum quin potius hoc memorabili pictaſmate tam utili quam facili me credat nocivos aufferre ludos ac penitus extirpare cupiviſſe, eſſēque beatꝰ, qui bonis conarer infringere mala. Syllabarum igr̄ quantitates multi vario deſcripſere modo, quibꝰ etſi nihil addere vel minuere tentabo, altera tū̄ Ruht (*Ruth*) p' terga metētium ſpiculas colligere non verebor & quantumque minutulas nrē̄ ſegeti indefeſſꝰ aggerare.

Hier=

*) Welch eine unbeſonnene Vergleichung!

Hierauf folgt das Werkgen selbsten, welches aber keines Auszugs fähig ist.

10. **Ein andechtig geistliche Badenfart, des hochgelertē Herrē Thomas mürner, der heiligē geschrifft doctor barfüserordē, zu Strasburg in dē bad erdicht, gelert vñ ungelerten nützlich zu bredigē vñ zu lesen.** Auf dem letzten Blate heists: „Seeliglich getruckt durch Johannes Grüninger zu Straßburg im Jar. M. d. xiiii. uff sant Oßwalstag.„ Ist ein unschickliches und witzloses Werk von 15. Bogen in 4to. Man urtheile nach dem Titelholzschnitte, der eine Weibsperson in einer Badwanne und einen Mönch mit der Bibel und dem Crucifixe vor ihr sitzend vorstellet, von den übrigen, die in Menge vorhanden, aber äuserst ärgerlich und Gotte unanständig sind. Murner wendet alles, was sich von einem Bade sagen läßt, als: „das Bad wermen — Laugen machen, schröpfen rc.„ aufs Christenthum an, welches man schon aus den Versen erkennt, die auf der umgewandten Seite des Titelblats stehen:

„Wer sich in disem bade reint
„Vnd wie ich schreib mit Got vereint
„Der west in einen bad zůmol
„Leib, vnd seel, als er dan sol.

Unter der Rubrike „Den leib reiben„ Bog. E ii liest man:

„Wer in dise batstub sizt
„Und nur ein wenig din erhizt
„Das er nur cleine tropffen schwizt
„So müs ich jn ein wenig reiben
„Dan sie nit lang im bad bleiben
„Dis schwitzen geschicht in d' beicht
„So er geladen inher keicht
„Vnd schnauft recht als ein alter bere
„Dan er beladen ist so schwere
„Von sünden, das er kum mag gon
„Vnd kumpt alein sich zu baden lon
„Das er ein wenig ab wel laden
„Nit gantz vnd gar wil sufer (sauber) baden —

Daß Murner die Geschichte von einer Päbstinn Johanna für wahr gehalten, bewundre ich nicht so sehr, als daß er es wagte, in diesem Buche Bog. E v in dem Capitel: „Die hut (Haut) kratzen„ folgende Worte zu schreiben:

„Vor Zeiten geschah es vff eine fart
„Das ein frow ein bapst wardt
„Die kam mit einem kardinal
„Schwanger ward, kam in den fal
„Der got gab im dannocht die wal
„Ob sie vm solche missedadt
„Offenlich miten in der stat
„Schanden leiden, das kindt geberen —

Am Rande dieser Verse steht die Glosse: Exemplum ioannis pape, qui non est in catha.

cathalogo pontificum — Was Murner von den Leibern der Auferstandenen für eine Meynung gehabt, läßt sich aus den Versen Bog. K. abnehmen:

„Einst riefft vns got alsammen wider
„Vnd gibt vnß leib vnd alle glider
„Vnt wirt dein leib sein also groß
„Dick vnd lang in aller moß
„Alß er war gewesen vor
„In seim drei vnd dreisigsten jor
„Het ers erlebt vff diser erden
„So werdendt wir so alt auch werden
„Vnd allesampt in dem alter sin
„Als christus war, da er starb hin —

Eine neuere Ausgabe dieser Badefart vom Jahre 1518. zu Straßburg iñ Quart zeigt die Bibliotheca Thomasiana Vol. III. S. 87. an. Beede Editionen aber, und auch das vorhergehende Buch Ludus &c. fehlen gänzlich in Bauers vollständig seyn sollender Bibliothek von seltenen Schrifften. Eben so wenig trifft man allda das folgende an:

11. Gäuchmatt zu straff allen wybischen Mannen erdichtet der löblichē statt basel in freyden zv einer letzbeschriben vñ verlassen durch Doctor Thomas Murner. Basel 1519. in Quart. Mit Holzschnitten, in Versen.

Die Verfaßer der Beyträge zur critischen Historie der deutschen Sprache im 9. Stücke S. 116. ff. führen aus *Possevini* Appar. S. Tom. II. p. 489. f. folgendes an: Thom. Murner edidit tractatum germanicum contra viros mulierosos, praenotatum: *Pratum stultorum f. Geuthma.* *) Sie setzen ganz recht hinzu: Lies Gäuchmatt: Allein ich weiß nicht, was sie mit der Anmerkung wollen: „Welches „altdeutsche Wort cuculi socium bedeutet, von „dem die Naturkündiger sagen, daß er sehr geil „und ein großer Liebhaber des andern Geschlechts „sey„. Gäuchmatt ist ganz wohl übersetzt: pratum stultorum. Matte bedeutet eine Wiese, und Gauch einen Narren, wie Herr Klopstock neuerlich in seiner . . . Republik der Gelerten dieses alte Wort wieder hervorgesucht und häufig gebraucht hat.

Das Buch an sich ist äuserst unzüchtig; ich wundre mich gar nicht, daß es, wie allbereit in dem Leben Murners erwehnet worden, zu Straßburg nicht gedruckt werden durfte. Zur Schande dieses Doctors der H. Schrifft zeichne ich einige Stellen aus. Im Anfange stehen „gewisse geschworne Artickel für die Gäuche„ in Prosa. Der 9te handelt von geistlichen Gäuchen: „Es soll ein gauch ouch in d' kirche gucken „können

*) So verstümmelte auch Wadding dieses Wort.

„können vnd vnder d' predig — alßdan sol er „zů siner schantz sehē wie er brieflin der gäuchin „in dē stul leg stoß oder verberge, ir freündt= „lich zuwincke das sy daby erkeñ, das er ir nit „vergessen hab. Denn die gaystlichē vnd or= „denslüt gucken auch offt vnd dick in d' kirchē. „Deñ es würt gott offt vbel gesungen wē wir „nit wüstē, das vnser gsang die gäuchin hört. „Es thut vns geistlichē wol im hertzē das der „arm gemein man meynt wir singen pfüfen org= „len Gott, so locken wir der gäuchin„ —

Ein Capitel auf dem Bogen E hat die Ueberschrifft: **Johañes ein Bapst.** Diesen läst Murner also reden:

„Frau Venus kunst berühmb ich mich
„Ich wardt ein bapst uff erdterich
„So baldt ich aber ein kindt gebar
„Da stelt man mich zum gäuchen dar —
„Mänlich geschlecht hab ich erlogē
„Die cristenhait allsampt betrogen —
„In allē sachē thät ich wol
„Wie ein bapst regiren sol
„Biß ich verfehlt in Venus dingen —

Bog. H i. lese ich:

„Pius der bapst beschrieb ein gauch
„Und vil der buleryē auch
„Wie leid es jm darnach gesyn (gewesen)
„Das weyset vß ein büchelin

„Das

„Das er mit trauern hat gemacht
„Als er der bulereyen gedacht — *)

In dem Beschluß sucht Murner sich wider seine Tadler zu rechtfertigen. Unter andern sagt er:

„Ich hab gemacht ein badenfart
„Darin ich geistlichcit nit spart
„Noch dannocht sy gescholten wardt
„Vnd ward von juen darumb verlacht
„Das ich got zu eim bader macht
„Ich müst warlichē frü vffston.
„Solt ich tichtē nach ihrem won —

Und darauf entschuldigt er sich besonders wegen seiner Gäuchmatt:

„Mir leit eyn andre sach im siñ
„Vnd besorg das ich zu grob hi bin
„Vnd hab zuvil von weybern geredt
„Denn geistlichcitē vff jm hett

Dazu

*) Aeneas Sylvius schrieb Historiam de Euryalo & Lucretia se amantibus, welche zu Löwen 1479. 4. besonders, und nachher in seinen Werken zu Basel 1571. fol. gedruckt worden. Historia de duobus amantibus Euryalo & Lucretia, s. de iis, quae Casp. Schlickio, Seni, acciderunt, lag in der Kaiserl. Bibliothek zu Wien. *Sim. Frid. Hahn* hat sie dem Tomo Collection. Monum. Vet. & Recent. Braunschw. 1724. in 8. einverleibet. In Aeneae Sylvii Episteln enthält die 395ste Retractationem libelli de duobus se amantibus.

„Dazu sag ich vff meinen eydt
„Was ich von wybern hab geseit
„Von jrem leichtfertigē wesen
„Hab ich in büchern alls gelesen —
„Die weltlichen bücher machē das
„Das ich zu zeyt vnzüchtig was
„Vnd sollts beschnitten haben bas —

Dieses skandalöse Buch ist 1565. in Octav zu Frankf. a. M. mit Holzschnitten wieder gedruckt worden. Ich finde im Thomasiusschen Catalogo Vol. III. S. 72. eine Schrift mit dem Titel: „Diß ist di Gouchmatt, so gespilt „ist wordē durch etlich geschickte burger einer „löbl. statt Basel, wider dē eebruch„ c. figg. kann aber von ihrem Inhalte nichts sagen.

12. Chartiludium Institute summarie doctore Thoma Murner memorante & ludente &c. Am Ende: Impressum Argentinae per Johannem Priis. Impensis ac sumptibus circumspecti viri Joannis Knoblauch. Anno salutis nostrae. M. D. XVIII. in Quart, mit vielen Figuren, 30. Bogen stark.

Ein Werk, gleich seinem Chartiludio Logicae, von welchem man in des seel. Hrn. D. Riederers Abhandlungen aus der Kirchen- Gelehrten- und Bücher-Geschichte Altd. 1768. 8. S. 292 — 298. eine weitläufige und gründliche Recension findet, auf welche ich itzo verweise.

Nun

Nun sollen diejenigen Schriften Murners angeführt werden, die er als ein Widersacher unsers grossen Glaubensverbesserers heraus gab. Die Ursache, warum dieselbigen so gar wenig bekannt sind, ist vermuthlich darinne zu suchen, weil er sie ohne seinen Namen edirte.

13. Ein christliche vnd briederliche ermanung zu dē hochgelerten Doctor Martino luter Augustiner ordē zu Wittemburg (dz er etlichē reden von dem newē testamēt der heiligen messen gethon) abstande, vn̄ wid' mit gemeiner christenheit sich vereinige. Am Ende: Getruckt 1520. vff sant Katherinē abent rc. In Quart, fünf und einen halben Bogen.

Ehe ich von dieser Schrift selbst rede, muß ich zuerst beweisen, daß sie Murners Arbeit sey. Man hat eine seltne Piece mit dem Titel: Defensio Christianorum de Cruce, id est Lutheranorum. Cum pia admonitione F. Thomæ Murnar, luthero-mastigis, ord. Minorum, quo sibi temperet a convitiis & stultis impugnationibus Martini Lutheri. Matthaei Gnidii Augustensis Epistolae item aliquot. Ad eruditos Germaniæ. Ad Martinum Lutherum. Ad strennuissimum equitem Germ. Vlr. Huttenum. Ad populum Germaniae. In Quart, zween Bogen und drey Blätter, sine loco & anno. *)

Hierin-

*) Es ist eine andere zu Hagenau 1522. 4. gedruckte Ausgabe vorhanden. Da am Ende der erstern ein

Hierinnen steht pag. tituli aversa:

„Ad Lectores.

Vt scias, optime lector, causam, quare Fratri Thomae hanc moverimus tragoediam. Ediderat ille contra M. Lutherum *libros tres*. Vnum *de traditionibus hominum servandis in Missa*, in quo plurium contemerat Novi Testamenti a Christo & Apostolis tradita — Hactenus tamen ignoratum est, quisnam ille esset sorex, donec nuper se ipsum prodidit sorex.

Blat c pag. aversa folgt: Studiosis & eruditis omnibus Matth. Gnidius, rhetor & poeta laureatus S.

Hactenus nescitum est, quis tam frivolas & ineptissimas nugas ederet contra Lutherum, donec tandem se ipsum prodidit asinus cumanus. Thomas est Murnar ille — de eorum factione, quibus permissum est a Rom. Pont. contrectare pecuniam & mulierculas: ut licentius vivant, quam ceteri. Homo insignitae loquacitatis, sed qui tamen adeo nihil attigit bonarum

ein Brief von einem gewissen Petro Francisco an Ulr. von Hutten vom 8. Calend. Januar. d. i. vom 25. December 1520. steht; so mögte dieselbe im Anfange des 1521. Jahrs zuerst gedruckt worden seyn. Uebrigens s. *Gerdesii* Florilegium libr. rar. p. 142. und *Dictionaire Typographique*, Part I. p. 142.

rum litterarum, ut ne latine quidem didicerit. Alioqui doctor theologiae, sed plane asinus portans mysteria. quod pleraque eius edita demonstrant, videl. *insulsissima exceptio illa contra libellum de Missa Martini Lutheri* &c.

In dem schon angeführten Karsthans wird Murner vorgestellt, daß er von seinen Büchern wider D. Luthern sagt: Ich hab mein namē nit darein gesetzt, auff das er nit wiß das ichs thon hab — Gang zum Grieninger vñ heiß dir zwey büchlin gebē, das erst hat ain solichū titel, von dem bapstum, das ist, von der höchsten oberkayt christlichs glauben wider Doctor martinum Luther — das añder hat disen tittel, Ein christlich vnd brüderliche ermanung zu dem hochgelertē Doctor martino Luther, Augustiner-ordens zu Wittenberg von der hayligen meß rc.

Nun rede ich von dem Buche selbst. Murner setzt eine sehr sanftmüthige Vorrede an unsern seel. Luther voran, und ermahnt ihn, keine Neuerungen anzufangen, sondern die alte bißher gewöhnliche Lehre der Kirche beyzubehalten; versichert ihn zugleich, er habe nur aus dem Grunde wider ihn geschrieben, „damit keiserliche majestadt mit sampt allem adell durch red „vnd wyderred das best vnd wahrhafftigst ermessen möge — Vnd wo sich der Keiser — allein „vff ein concilium der Christenheit berieff, alß-

„dan

„dan ist wol zu ermessen, das soliche red vnd „widerred zu erfindung der warheit dienet, vß „welcher die hochverstendige dieses conciliums „die wahrheit ergründē mögten rc.„ Hierauf beweißt er in einem eignen Capitel „Das nie„mant predigen sol, er sey dan gesandt vñ dar„zu verordenet„ und will Luthern das Recht zu lehren mit den bekannten und unzehlichmal widerlegten Scheingründen absprechen. Sodann folgt der eigentliche Haubttheil des Buchs, welcher Luthers Lehrsätze verdächtig machen soll. Murner will erweisen:

1. „Das der heyligen vnd schulen lerer span (d. i. Streitigkeit) mit Doctor Luthers span seer ungleych ist.„ Blat B ij. schreibt er: „Ob „du meintest man sol dem Luther seine lere nit „gantz v'werffen, er hab doch an filen orten „wol, christlich vnd warlich geleret, dz billich „nit zu v'werfen ist, dz sol man anneme, vñ „wo er vngleúbig geredt hab, sol man lassen „fallen, Darzu sag ich, man sol sy gantz ver„werffen, darumb das seine warheit mit dē gifft „des vnglaubens vermischet ist — Luther bleipt „verstockt vñ wil sich dē babst nit vnd'werfen — „ich find nit dz die heiligē lerer sich vff die con„cilia (wie nemlich Luther that) sunder vff dē ? „babst berieffet habē —

2. „Das Doctor Luthers lere durch miß„bruch der confessional, des applaß, des bans

„vnd der selen im fegfeür nit bestetiget würdt,„ Murner will hier weder den Ablaß noch das Fegfeuer vertheidigen, sondern einem Concilio das Urtheil überlassen. Endlich fügt er hinzu: „Von dem mißbruch des bans schweig ich gar „stil, dan es mir selber mißfallet, wolt got dz „es die bischoff vnd oberkeiten besserten, vnd „vnderliessen vmb zeitlichs zů richten rc.

3. „Kein leere würt glaubwürdig geachtet, „darumb das sich der Lerer yrentwegen in ferlich„keit ergibt.„ Hier steht der bedenkliche Ausspruch: „Das Evangelium Christi were „war beliben (geblieben) wan vnser herr „darumb schon nit gestorben were.„

4. „Vile der gebot werden nit abgethon „dem, von dem d' des gewalt hat.„

5. „Ob todsünder vnd sünderin auch in „christlicher kirchen begriffen sein.„

6. „Es sol in sachen des glaubens nit vor „der vngelerten gemein disputiret werden.

7. „Das Doctor Luther nit gebür noch zim„lich sey zů predigen.„ Hier bemerke ich die Worte: „Ob Doctor Martinus Luther „schon zu predigen gewalt het, so ist er „doch iez darzu nit gesendet, sunder von „der oberkeit des glaubens verbotten.

„Vnd

„Vnd obschon Joh. Tåtzel prediger or„dens vil mißbruchs geůbet hat, gibt daß „des eintzigen missethat Doctor Luters „leeren eine kraft, das sie dest glaubwůrdi„ger sei?„

Alle diese Sätze sind so bewiesen und erläutert, daß die ganze Schrifft dem seel. Luther wenig Schaden wird gebracht haben. Er würdigte auch Murnern nicht einmal einer besondern Antwort, sondern vertheidigte sich gelegenheitlich in einer 10. Bogen starken Schrift unter dem Titel: **Auff das vbirchristlich vbirgeystlich vnd vbirkunstlich buch Bocks Emßers zu Leypczick Antwortt D. M. L. Darynn auch Murnarrs seynß geselln gedacht wirt.** Wittenbergk 1521. in 4.

Bey dieser Schrift Murners merke ich noch an, daß verschiedene ältere und neuere Autoren aus derselben zwey besondere Bücher gemacht haben, davon sie dem einen den Titel: de sacerdotio N. T. und dem andern: de suspectis Lutheri doctrinis geben. Der Irrthum rührt daher, weil auf den vier erstern Blättern dieser Schrift von der Meße oben steht: **Eine ermanung (von) der heiligẽ meß, welche ein Sacrament des N. T.** und die folgenden 16. Blätter haben alle die Ueberschrift: **Argwon von Doctor luters leeren.**

14. Von dem babstenthum das ist von der höchsten oberkeyt Christlichs glaubens wyder Doctor Martinum Luther. In Quart, 9. Bogen stark. Den Titel umgibt eine Einfassung. Am Ende steht: „Vnd vff „das sich niemans dises schreibens für ein „schmachbiechly ohn nam̄en gethon zu beklagen „hab, ist der namen vnd person des schreibers „dem Erwürdigẽ vnd wolgebornen fürsten vñ „herren einen bischof von Straßburg bekant, „yn zu offenbaren, wa sein genad das notturf„tig wurd erachten, doch nit einem ieden biß „zu seiner Zeit, der fieleicht vß vngunst der per„sonen die warheit verachten wolt rc.„

„Censores.

„Datum in der löblichen stat Straßburg in dem „jar nach der geburt christi vnsers herrn „M. D. x. x. vff sant Lucien vnd Ottilien tag „von Johan̄e grieninger getruckt mit keiserli„cher majestet privilegien, das diß bichlin bey „pen des orginals nieman nachtrucken sol in ei„nem jar rc.„

* *Fabricius* im Centifolii Tomo II. wuste den Verfaßer nicht, und nennet ihn schlechthin Anonymum S. 723. Daß es Murner sey, erhellt aus der vorhin erwehnten Defensione Christianorum de Cruce; darinne wird ihm an dem a. O. ausdrücklich liber *de Papatu* zugeschrieben, in quo, heist es, terrenum diabolum (Deum dixerim)

rim) finxit Pontificem Rom. Blat e ij aversa ließt man: Piissimo theologo M. Luthero, amico, Petrus Francisci, S. D. Prima die postquam egressus sum Hagenoiam, oblati sunt mihi a studiosis alii duo libelli *Thom. Murnarii* Minoritani, *unus de potestate Papae*, alter *ad nobiles Germaniae* &c. Im Karsthans wird Murnern ebenfalls diese Schrifft beygelegt; und in seinem eignen Buch an den deutschen Adel *) sagt er Bog. E iij. „Doch hab ich darvon geantwurtt in dem buch von dem bapstenthum vnd der höchsten oberkeit christlichs glaubens rc.

Von diesem Buche will ich nichts sagen. Es enthält die bey den Päbstischen Lehrern gewöhnlichen Beweise für das Supremat des Römischen Bischofs.

15. An den Großmechtigsten vñ Durchlüchtigsten adel tütscher nation das sye den christlichen glauben beschirmen, wyder den zerstörer des glaubens christi, Martinum luther einen v'fierer der einfeltigen christen. In 4to.

Dieser Titel steht in einer Einfassung. Das Buch hat keine Seitenzahlen und ist 10. Bo-

 gen

*) Diese Schrift wird sogleich näher angezeigt werden.

gen stark. Am Ende steht: Getruckt von Johañe Grieninger in dem jar Tausent. CCCC. (ein C. ist ausgelassen) *) vnd x x. vff den Cristabent mit Keiserlichen Privilegium, in einem jar niemans nachtrucken sol rc.

Die Dedication ist an den Kaiser Carl gerichtet und heist es darin von Luthern: „Diser „Cathelina ist von den dodten erwecket, vm die „aller edlisten gemiet deins reichs zu burgerli„chen vffrüren vnd nidergang jres eignen vat„terlands zu erwecken, den vatter wüder seine „kind, vnderthonen zugegen irer oberkeyt„ —

Murner führt hierauf die Beschwehrden der deutschen Nation über die päbstl. Regierung und Gelderpressungen an und sagt, daß darüber sehr geklagt würde in einem Buch, der deutsch Adel genennet (dis ist Luthers Schrifft an den deutschen Adel.) Diese Mißbräuche will er nicht vertheidigen, aber das, spricht er, „kla„gent wir deiner durchlüchtigsten genaden — „das solche beschwerden der teutschen Nation „durch Martinum Luther on zweiffel ein zorni„gen vñbesinten man mit solchen vngeschickten, „vnchristlichen vñ vnwahrhafftigen mitlen für„geschlagen werden — von hussisch, wicklöf„fische

*) Es ist eine Ausgabe vorhanden, wo fünf C. stehen.

„sische bottschafften zu verkünden, ein vnsinniger
„mensch der bapst, keiser, bischof, vnder, ober,
„sampt der ganzen karten dermassen stet zv ver-
„mischen, daß kein erwürdigs angesicht eincher-
„ley ordnung in christlichen glauben erfunden
„werd —

Sodann ertheilt er dem Kaiser seine Rathschläge:

„Erstlich gebiete, dz diser Chatelina mit
„seinen anhang den glauben in christlicher krafft
„lassen rüwen vnd beleiben, ein zimliche (ge-
„ziemende) bitt mit beiden oren von einen
„christlichen keiser zü erhören.

„Sind darnach zu dem andren (so christli-
„cher glaub vngeletzet belibet) etliche beschwer-
„den, bürden, vñ vnleidliche tirañey, der deut-
„schen nation zv nidergang vnd verderpniß er-
„dichtet, (aufgelegt) das sei von wem es wel
„vff erden gefrevelt vñ vnderstanden, wel dein
„keiserliche maiestat mit sampt den Churfürsten
„zv hilff kummen, trost, stür vñ hilff bewei-
„sen —

„Vnd zu dem dritten doctor Martinus sa-
„chen, seine spen, zenck, vnd häder, erstlich
„von der sachen des gloubens abzusünderen. Zü
„dem anderen auch von dem fürnemen vnd an-
„klagen der bepstlichen mißbrüch (das also die

 „sach

„sach vnseren glauben betreffen, von gesetzen „richteren von deiner gnaden ein richterlichen „vßspruch von allen dingen erlange.)

„Und zu dem letsten doctor Martinus zenck „vn̄ häd' auch richterlich lüt klag vnd antwurt „hingelegt werde, nach deiner gnaden erkeñtniß „vn̄ batrachtung, ob solchs durch ein Concilium, „oder sunst in andre weg geschehen mög — „Dann seittenmal der merer teil obgenañter „mißbrüch vn̄ beschwerden allein die pfaffheit „betreffen, ihre mentel *) bezalung, verorde„nung der pfründen, (coadiutorien, abbatien, „commenden, wellent die hochverstendigen ie „vermeinen, es wolle dir alß einen weltlichen „keiser, billicher gebüren, erstlich die sachen das „gemein reich betreffen, statt land vnd leut zv „besetzen, dan gleich anfenglich alß ob du allein „der pfaffen keiser erboren vn̄ gesalbet inen be„hiffleich (vn̄ filicht mit des gantzen reichs ko„sten) vffwischen soltest, das sie ire mentel deßt „wolfeiler kaufften —

Hier-

*) Sind vermuthlich die bischöflichen Pallia, dergleichen Herr D. und Hofrath Hommel zu Leipzig eines besitzet, welches ich in seinen Vorlesungen über das Canonische Recht gesehen zu haben mich erinnere.

Hierauf folgt Ein vorred zu Doctor Martino Luther.

Darin nennt ihn Murner einen besunderen gelerten man von grosser kunst vnd durchlüchtigen vernunfft, der aber seiner Einsichten mißbrauche und den deutschen Adel zu Krieg und Aufruhr bewege. Der Schluß lautet so: „Damit ich dich mit kurtzen worten „wil ermanet vñ gewarnet haben, wider die „keiserlichen v'bot die sachen vnsers glaubens „vor den unverstendigen niet zu disputieren vnd „in ein zweifel zu berieffen, wellent wir alle an „dem karren schalten das dir dein so manigfaltig „missedadten vnd schmach beweisen genedig ver„zigen werd. Amen.

Das Buch selbst ist in drey Abschnitte getheilt.

Der erste. „Das der weltlich stat die geistlichen richterlich, wed' zu straffen noch zü vrteilen hab.

Luther behaubtete, daß nicht mehr, als ein geistlicher christlicher stant aller gemeinen Christenheit sey, und daß die, welche weltliches Standes genannt werden, den geistlichen Stand gar wohl straffen und bessern dürfen. Jenes bewies er aus 1 Cor. 12, 12. ff. Murner will das widerlegen und schreibt: „Corpus sey nichts

„anders als eine versamlung, wie man sagt „corpus capituli, die v'samlung des capitels; „Luther mißbrücht die laternische sprach das er „corpus und statum vor eins nimt.„

Luther verwarf die Priesterweyhe, weil die Apostel keinen Priester gesalbet hätten. Murner antwortet ihm so: „Das du vermeinst, die „zwölff botten haben doch kein priester gesalbet, „wie wir d'massen verordnet, sage ich also das „du das beweren solt, dan dir nit wil gebüren „ein solchen löblichen brüch von d' zwölff botten „zeiten vff vnß erwachsen zü verleügnen on vrsach vnd die heilig geschrifft, wir allegiern dz „alt harkumen, das wir von den zwölff botten „erlernt haben — sprichst du aber es stand nit „in den evangelio, sag ich dabei es stot auch nicht „in dem evangelio, da cristus zu d' hellen sei gefaren, vnd ist dannocht in den artickel vnsers „glaubens von den zwölff botten empfangen von „gemeiner cristenheit —

D. Luther behaubtete aus 1 Petr. 2. und Apoc. I. daß wir durch die Taufe im geistlichen Verstande Könige und Priester seyen. Und hier zeigt Murner seine grobe Unwissenheit, wenn er schreibt: „Es ist nit war, das geschriben stand wie du sagst, der dauff mach alle „cristen zv pfaffen vnd pfäffin, sunder also. „Er hat uns gemacht ein reich, vnd priester got „vñ seinen vatter, wer in einem reich ist, d' ist

„dar-

„darumb kein künig, das vns got zů einen prie„sterthum gemacht hat, daruß folgt nit, das ie„der in dem priestertům begriffen ein priester sey, „so wenig, als so man sprech, der keiser hat vß „dem Würtenbergschen Land ein herzogthum ge„macht, das jeder Würtenberger ein hertzog „war —

Der zweete Abschnitt.

Wer in spennen Christlichs glaubens zů erkennen hab vnd irthům hynzulegen. (entscheiden.)

„Nimans, sagt Murner, dann sant peter „vñ seine nachfaren, das bewer ich vß d' gött„lichen geschrifft actuum XV. da hat in speñen „christlichs glaubẽs sant peter gesprochen vñ nie„mans and's. Luce xxii. sagt Cristus vnser her „also zv sant Peter, ich hab für dich gebetten „dz dein glaub nit gar zergong vñ ersige, Dar„umb kär zů zeiten vmb vñ bestetig auch deine „brieder.

Hierauf beantwortet er Luthers Einwurf, daß der Pabst sey ein unglaubiger, kaufmann, Tyrann, Dieb — also: „Laß in sein ein mör„der, will vns dennocht nit gebüren in zů ver„dañen vnverhört — wir werden yn dabey „lassen belieben, dz im Christus geben hat — „ist er schon böß, so seint vor im gůte gewesen,

„vñ

„vñ ist zu hoffen dz vns nach im got wider güte „retter gebe — Zuletst in dieser matery müß ich „dennocht zulassen vñ billig dz ein gemein Con„cilium in solchen speñen hab zu erkennen nach „Gala. ii.

Der dritte Abschnitt.

„Wer in christlichem glauben ein Concilium hab „zu beriefen.„

Hier redet Murner sehr weitschweifig und erklärt sich weder für die, welche dem Pabste dieses Recht zuschreiben, noch für die, welche es der gemeinen Christenheit beylegen.

„Warum doctor Luther ein Concilium be„gehret.„ Es sind ungegründete Lästerungen, wenn Murner antwortet:

1.) „Deßwegen, das d' bapst ein solchen bracht „füret. Ich setze es aber dem concilio heim „zü ermessen, dañ es vnserm glauben weder „gibt noch nimpt.

2.) „weil sich der bapst den allerheiligisten laset „nennen — das ist ein kleine vrsach ein con„cilium zv erwecken — er ist d' allerheiligst „nit in betrachtung seiner person sondern sei„nes ampts, als wenig wir cristen alle heilig „sein mit vnsern wercken, wie wir doch an „vielen orten der sendbrieff d' zwölffbotten „heisen —

„Das

„Das keyn gemein in stetten hab gewalt ein bi-
„schoff od' pfarrer zu setzen.

Murner leugnet es und schreibt: „Luther
„thůt sant paulo unrecht, da er vns auf 1 Ti-
„mo. iii. vnd Tit. I. weist. das finden wir
„nüt, es stat wol da das sie weiber mögen ha-
„ben — desgleichen ist Timotheus von sant
„paulo vnd nit von der gemein gesetzet worden.
„1 Ad Ty. iiii. Du solt nit versumen die genad
„die in dir ist, die dir geben ist durch die pro-
„phezey vñ pflegung d' hend d' priesterschafft,
„vnd 1 timo. 1. Vmb welche vrsach ich dich er-
„mañ, dz du erweckest die genad gots durch die
„vfflegung meiner hend. Vnd ca. ii. das be-
„vilhe glaubigen menschen die geschickt seyent
„and' leüt zů leren — Warum gibt er die be-
„velhe nit der gemein —

„Der priesterlichen eeweiber halb, sagt
„Murner zu Luthern erstreckest du ein lange
„red, wie es besser were dz man yn gestattet
„eeliche weiber dan vnschamhafftige beischleffe-
„rin zu gestatten, dz laß ich alles ston, dan es
„dem glauben wed' gipt noch nimpt, In den na-
„men gots wil die gemeine christenheit dz ir wi-
„der zůlassen, ich bin des wol zů fr'den, es werd
„gestattet pfaffen, munchen, oder pfarrerstant —
Murner erklärt die Stelle 2 Cor. 12, 7. sehr
unschicklich von der Unkeuschheit. Und wer wird
nicht über den exegetischen Einfall lachen müssen, wenn Murner schreibt: „Zu heuraten ist

„nien-

„niendert geboten von got, sundern stat in „freien willen, vnd wa du das buch der ge„schöpff (*Genesis*) harfürzühest wachsen vnd „meren euch rc. das ist kein gebot, dan wa „einer nicht wüchße, so thet er wider das ge„bot, wa es ein gebot were, vnd sündet. Nun „aber ist wachsen in vnserm gewalt nit, aber die „sünden sein in vnserm gewalt —

Luther wollte die Seelmessen und Vigilien abgeschafft wissen, zumahl da sie nur hergeschnattert und ohne Andacht vollbracht würden. Was antwortet Murner darauf? „Es ligt nit vil „daran, mit namen vbung der Sakrament an „dem andacht des priesters, dan sie haben ire „krafft vß dem verdienst cristi des stiffters, dan „obschon des priesters persenlicher andacht nit „dabei ist, so ist doch d' kirchen andacht dabei „vnd des frumen stiffters, vnd das ist gnůg vnd „me erschüßlich zu ewiger selikeit so einer gemei„ner cristenheit andacht bit, dan ein eintzige per„son —

Endlich folgt der Beschluß: „Ich ker wider „zu eüch ir großmechtigen — eren notfesten „edellüt vnsers — landes mit vermanung dz ir — „vnsern glauben, verfechten vnd beschirmen — „Doctor luter nit in allen dingen glauben, der „euch alle euwers adlichen stats beraubt hat vnd „zu pfaffen gemacht — Wil daben nit leugnen, „dz doctor Luther in allen dingen vnrecht hab — „sunder in fillen dingen nit vngeschickt erfun„den

„den würt, allein daß er sein edel kunst vnd ver-
„nunfft vnd die heilig geschrifft mißbrucht zu ei-
„nem vffrürige vnd vnfridsamen end, durch
„euch als die haubtlüt — die armen schefflin
„christi in vnglauben zů verfiren — Vnd wa
„wir doctor Luter, den wir für ein glori vnd
„eer des tütschen landes halten, etwas zůgelegt
„hetten, das nit seiner meinung wer, wöllen
„wir brůderlich — seiner declaration ston —
„wa er aber ie vnsern brůderlichen gunst verach-
„tet — vnd gegen vnß als er pflegt seinen zor-
„nigen kopff vnderston zů bruchen, mag Euwer
„gnad erkennen das billicheit erfordere im nach
„gelegenheit zů entgegnen —

Der Schluß lautet beynahe eben so, wie an der Schrifft **vom Babstum** rc.

16. Ob der Künig vß engelland ein lügner sey oder der Luther.

In Quart, 60. gezehlte Blätter oder 15. Bogen. Auf dem Titel steht noch das englische Wappen mit der Ueberschrifft: **Henricus Rex anglie.** *) Am Ende: „Zu lob vnd eer got
„dem almechtigen — auch zu entschuldigung
„küniglicher maiestat von Engeland vnd zu gut
„aller oberkeit, hab ich Johañes Grieninger
„burger

*) Billig hätte dieses Buch in Fabricii Centifolio einen Platz verdient, der p. 75. ff. und 559. die Schrifften dieses Königs und seiner Vertheidiger anführt.

„burger zu Straßburg dis buch getruckt in gů-
„ter hoffnung nieman mir solchs verargen wird,
„wiewol mich etlich angeret (angesprochen)
„ich sől es eim andern trucken lassen rc. Mag
„doch ein ieder frumer wol bedenken das ich mit
„meiner handtierung dis vnd anderer trůck mein
„narung suchen muß. Vnd ist diß bůchlein vol-
„lendet vff sant Martins abent, in dem iar Tau-
„sent fünfhund' zwei vnd zwentzig rc."

In diesem Werkgen, welches eine Vertheidigung Heinrichs VIII. wider Luthers gegen ihn
gerichtete Schrifften seyn soll, werden immer
Murner, Künig und Luther gegen einander ge-
stellet, und sagt ein jeder seine Meynung, in der
Absicht, daß Luther verschiedener Wankelreden
und Unwahrheiten überwiesen werden soll. Murner ist unstreitig der Verfaßer; wie das folgende lehren wird.

Ganz wider Vermuthen fand ich darinne
den bißher unbekannten Uebersetzer von Luthers
Tractate de captivitate Babylonica. Denn Blat
111 b u. f. steht unter Vorsetzung des Namens
Murner: „Das mir der Luther vnrecht thut,
„als er spricht, ich sey sein gifftig feint, da ich
„keins menschen feint bin — das er aber sagt,
„ich hab im die babilonisch gefengkniß ver-
„deutscht, in zv schenden, das gestand ich,
„ich hab aber seine wort nit gefelscht, mit eini-
„cherley vnwarhayt, dan allein sein lateinische
„wort nach meinem vermögen zv deütsch gespro-
„chen,

„chen, ist im dasselbig buch zu schandē, so hat er „sich selber geschent vnd nit ich, dan ich seins „buchs kein macher, sonder ein dolmetsch „gewesen bin.„

Murner hat auch des Königs Henrici Schrifft wider Luthern ins Deutsche übersetzt: Denn Blat 41. b sagt er: „So ich doch des Künigs „Buch vertütschet hab.„

Wider Murnern ist deßwegen heraus gekommen:

Antwortt dē Murnar vff seine frag, Ob der künig von Engellant ein lügner sey, oder der göttlich Doctor Martinus Luther. In Quart, 10. Bogen und 3. Blätter. Auf dem Titel und der Rück-Seite desselben findet sich einerley Holzschnitt, und darauf die Ueberschrifft: „Her es ist zeit zů thon, „sie haben verwunst dein gesatz.„ Auch in dem „Buche selbst stehen einige Holzschnitte. Zuletzt heist es: Datum ex Mithilena insula. Añо XXIII. Die ganze Schrifft ist sehr weitschweifig, und erhebt Luthern gewaltig. Der Verfaßer braucht bald Ernst, bald Spötterey. Murner wird in einem Paar Stellen wegen seiner Chartiludiorum und Schelmenzunft durchgezogen — Diese beeden Schrifften, den König von Engelland betreffend, sind zweymal gedruckt, wie man aus der Rechtschreibung deutlich wahrnehmen kann.

17. Von dem grossen Lutherischen Narren wie in Doctor Murner beschworen

 ren

ren hat. Darunter sieht man in einem Holzschnitte einen Mönch mit einem Katzengesichte, welcher einem auf der Erde liegenden Narren mit einem Stricke den Hals zusamm ziehet, aus welchem verschiedene kleine Narren herausfahren. Auf der andern Seite des Titelblats steht:

Murner.

Sicut fecerünt mihi sic feci eis inde.

„Ich hab sie des geniesen lon
„Wie sie mir haben vorgethon
„Werden sie mein nit vergessen
„So will ich jnen besser messen
„Wa sie sich mit eim Wort me eigen
„Wil ich jn baß den kolben zeigen
„Entgegnen jn fürt solcher massen
„Das sie den narren ruwen lassen.

Cum privilegio.

Diese Schrift Murners nenne ich die allerleichtfertigste und seltenste unter seinen übrigen. Sie füllet ein Alphabet und 6. Bogen in Quart, ist in unzüchtigen und äuserst groben Versen abgefaßt, auch mit verschiednen Holzschnitten versehen. Es sollen haubtsächlich diejenigen beschämt und lächerlich gemacht werden, welche unsern seeligen Doctor Luther wider Murners Angriffe in ihren meist ohne Namen edirten Schriften vertheidigten. In der zwey Blätter starken Vorrede sagt er unter andern: „Vnzeliche büchlinschreiber mit verborgenen namen haben mir „so vil schand vnd laster in aller tütschen nation

„züge-

„zůgelegt, mich für des babsts geiger vßgeben„— Und am Ende setzt er hinzu: „Niemans zů le„tzung, sunder allein den lutherischen nerrischen „affenbüchlin zů erkanntniß das sie in disem buch „sich spieglen —

Blat G iij. spottet er über die Freyheit, die man den Nonnen gab, aus den Clöstern zu gehen und sich zu verheyrathen:

„Man laßt jn ire freie wal
„Das sie sein vnbezwungen al
„Ich hab es doch vormals me gehört
„Wer ein freie wal begert
„Dem gibt man sie zu Nürenberg *)
„Wie er wil schlecht oder zwerg rc.

Eine verliebte Ode führe ich noch aus diesem Buche an, welche Blat A a iiil in dem Capitel: „Wie der murnar des luthers dochter **) „hoffiert„ (d.i. liebkoset) gefunden wird:

 „So

*) Auser Zweifel zielt Murner darauf, daß man damals im Anfange der Reformation bey uns sagte, man lasse den Closterpersonen die Wahl, ob sie im Orden bleiben, oder aus demselben gehen und die evangelische Lehre annehmen wollten, sie aber doch zwang, theils lutherische Prediger anzuhören, theils ihr Closter zu verlassen; wowider auch Pirkheimer in Betreff seiner Schwester geeifert. S. Hn. Prof. Wills Nürnb. Gel. Lex. III. Th. S. 198.

**) Dieser Ausdruck ist mir räthselhafft.

„So will ich das Sparnößly *) singen
„Saphicum.

„Adlich ist sy
„Von sinnen fry
„Sparnößly
„Vnd tugendtrich
„Berd höffelich
„Sparnößly
„Redgebig schon
„Leibs wol gethon
„Sparnößly
„In meinem hertzen
„Die tusent schon
„Kan ynher gon
„Sparnößly
„Wie man im kat (koth)
„Vff holtzschu gat
„Sparnößly
„Vnd höfflich drit
„— — sich nit
„Sparnößly
„Wie pfawē schwantzē

Seht wie sie stot
Ihr mündlin rot
Sparnößly
Am fensterbret
Gelechlet het.
Sparnößly
Vnd schmutzlet fein
Am mondes schein
Sparnößly
Am fenster oben
Ir edler geist
Wie rübenfleisch
Sparnößly
Vnd schmackt so wol
Wie pfaffen kol
Sparnößly
Als kotfleisch thut
Ihr edler mut
Sparnößly
Wie brone rüben„ **)

Am

*) Auch dieses Wort verstehe ich nicht.

**) Ich besitze eine Satyre auf Murnern mit dem Titel: Novella. Wär jemandtz der new mär begärt der wirt in disem büchlin gewärt rc. Sie ist in deutschen Reimen abgefaßt, und beträgt 4½ Bogen in 4. ohne Ort und Jahr, mit Holzschnitten. Die Fiktion ist diese: Es erscheint an einem Orte ein Gespenst. Man hält es für den verstorbenen Karsthans. Der Pfarrer im Orte kann es nicht beschwören. Man schickt also nach dem Murner. Dieser, der mit einem Katzengesichte vorgestellt und insgemein Murmaw genennet wird, fängt

Am Ende dieses Buchs, welches noch heute Murners Schande prediget, heisst es im Namen des Druckers: „Verantwurtung den „macher diß büchlins, stot zům teil in der vor„red — Aber sunder verantwurt er, das sie in „gezigen, antreffende in person, das sie dan in „vil büchlin vff in vß hon lassen gon, on ire „namē, des vermeint er ein jetlicher schuldig „sei sein eer zů rettē. Des hat er mir auch zů„gesagt, das dis büchlin niemans soll schmēhē „sunder in der narrenkappen vßgon. Vff solchs „hab ich Johannes Grieninger das angenummen, „so ich mich auch truckens můß erneren vn̄ mein „handel ist, von mir getruckt niemans zů lieb „noch zu leid — in dem jar — tausent, fünf„hundert zwei vnd zwentzig.„ Eine andere Ausgabe, die ich in Händen hatte, unterscheidet sich durch nichts, als daß dem erst angezeigten Schluße noch Folgendes beygesetzt ist: „Item „dis buch ist getruckt mit privilegien von Keiser„licher — Majestat — das es niemans nach„trucken

fängt seine Beschwörung an. Das Gespenst verwandelt sich in einen Narren, und verschluckt den Murner, Diesem wird dabey zugeruffen:

„Requiescat in pice
„Er beschwert kein narren mē
„Flicht auch keim schelmē me dē bart
„Er sitzt ietzt bim sparnößlin zart
„Vnd singt ihr saphica bär
„Von des Luthers tochter
„Der Murner.

„trucken sol in V. iaren, vnd ob es nachtruckt
„würt, die niemā verkauffē sol im heiligen rö=
„mischen reich bei verlierung X. marck lötigs
„golds, alles nach inhalt brieflicher vrkünd dar=
„über begriffen —

Murner schrieb

18. **Ain new lied von dem Vndergang des christlichen glaubens, in brůder Veiten thon**, ohne Zeit und Ort des Drucks. Es wird im Bünauischen Catal. Tom. III. Vol. III. p. 1284. angeführt, nebst einer Widerlegung: **Ein ander lied darwider vom Avfgang der Christenheit**, 4. sine l. & a. Auf Murners Lied folgten die in *Fabricii* Centifolio p. 734. angezeigten: **Bruder Michel Stieffels von Eßlingen Vßlegen vnd glossen über D. Murnern — lyed von vndergang des rc. 1520.** 4. *) In dem Buche von dem lutherischen Narren grief Murner diesen Mich. Styfel Blat R. an, und schrieb:

„Guck in meinen stieffel ein
„Da findstu bruder stiffelein
„Das schwartzbrun münchlin bey meim eidt
„Das gsungen hat von bruder veit **)

„Das

*) In Biblioth. *Bünav.* T. III. Vol. II. p. 1280. wird eine andere Ausgabe ohne Zeit und Ort des Drucks angegeben.

) Er siehet damit auf eine sehr gründliche Schrift dieses: **Bruders Michael Styfel — von der Christförmigen, rechtgegründeten lehre D. Mart. luthers, ein schön lyd, sampt seiner

neben

„Das ein augustiner was
„Wiewol der narr gefelt im baß —

Stiefel vertheidigte sich endlich in folgender Piece: **Antwort Michel Styfels vff Doctor Thoman Murnars murnarrische phantasey, so er wider yn erdicht hat** — Am Ende: „Geben zu Wittenburg. Anno. „M. D. xxiij. In Quart, 3. Bogen.

19. (Murners) **Ein warhafftiges verantworten der hochgelerten Doctores und herren, die zů baden vff der disputacion gewesen.** Ohne Jahr und Zeit des Drucks in Quart. Die Notiz dieser wider Zwingeln gerichteten Schrift bin ich dem Hn. Bibliothekar Franke zu Dresden schuldig; ich habe sie selbst niemals gesehen. Eben das muß ich auch von dem in *Lipenii* Biblioth. Theolog. Tom. II. p. 204. col. b. angeführten Buche: **Thom. Murners luthrischer Ehemañ**, Basel, 1622. in 4. sagen.

Es sind noch die von Murnern übersetzten Schriften übrig. Daß er Luthers Tractat de captivitate babylonica *) und König Heinrichs Schrift von den 7. Sacramenten wider Luthern

G 4 deutsch

neben vßlegung. In brůder Veiten thon. In Quart, 8. Bogen, s. l. & a.

*) Davon besitze ich eine deutsche Uebersetzung in 4to. ich weiß aber nicht mit Zuverlässigkeit, ob ich sie Murnern zueignen darf. Es ist gar keine Anzeige vorhanden; doch scheint der Druck straßburgisch, und die Uebersetzung selbst Murners nicht unwürdig zu seyn.

deutsch herausgegeben habe, ist schon von mir bemerkt worden. Noch gehört hieher:

Ritus & celebratio phase iudeorum, cum orationib9 eorum, & benedictionibus mense ad litteram interpretatis, cum omni observatione uti soliti sunt suum pasca extra terram promissionis sine esu agni pascalis celebrare Per egregium doctorem Thomam murner ex hebreo in latinum traducta eloquium. In Quarto, 16. gezehlte Blätter, mit einigen sehr schlechten Holzschnitten, welche allemal drey an einem Tische sitzende Jüden vorstellen. Am Ende ist noch eine dazu gehörige Schrift von 1. Bogen angehängt, die einen besondern Titel hat: Benedicite iudeorum uti soliti sunt ante, & post cibi sumptionem benedicere & gratias agere deo Egregio doctore Thoma murner Argentinensi ordinis minorum interprete. Hier steht am Ende: Beatus Murner de Argn̄. Franckfordie Impressit Anno 1512. Mit dem Zeichen des Druckers, welches ein Schild ist, in welchem unter einer Krone das Wort Patientia stehet; den Schild halten zween Männer, welche zugleich auf Trompeten blasen.

Die Vorrede gleich nach dem erstern Tractate lautet so: Venerabilibus & devotis patribus N. & N. ordinis minor̄ de observātia nuncupatis frater Thomas murner sacre theologie doctor Salutē.

Irritanti & apertissime infesto adversario Paulo Burgēsi mihi respondēti, quatenus ex ea po-

potestate hostem perpulsarē qua Nicolaum de lyra litteras hebreas ignoravisse fabulatur, infesta petitione & vos venerabiles & devoti patres fraterna supplicatione insultatis, hebraicis tractatibus viginti quatuor *) numero me obruentes quos ut vobis ad litteram interpreter obnixe instatis & per sanctissimi patris nostri francisci vulnera adiuratis ita ut non reliqueritis ne dicam contradicēdi sed neque respirandi paululum locum & excusationem. Obsequutꝰ sum vobis, Paulo Burgensi **) hosti relicto prodesse primo amicis cupiens quam inimicis obesse, sed hoc unum & ego suppliciter exoro, ne de cetero inflectetis gravitatem, severioris propositi nr̄i eo potissimum tempore, quin mihi est pro viro heu vita functo Nicolao de Lyra gloriosissimo nostri ordinis doctore pugnandum, maiesta que eius militari parta labore defendenda,

*) Murner scheint mir unter diesen 24. tractatibus hebr. Stücke aus dem größern Gebetbuche der Jüden zu verstehen, zumahln da das, was er hier übersetzt hat, und pag. 4. den tractatum primum nennet, aus demselben hergenommen ist.

**) Vermuthlich ist dieses derjenige Paulus Burg. oder de S. Maria, der in dem Jöcherlschen Gelehrtenlexikon vorkommt. Er war Patriarch zu Aquileja und vermehrte und verbesserte die Glossen des Nic. de Lyra über die Bibel. Siehe *Buddei* Isagogen in Theol. p. m. 1432. Er starb 1435. den 25. August. Und daher kann ich nicht begreifen, warum Murner hier eben so von ihm redet, als ob er damals noch gelebt hätte.

& quidem adversus hostē ingenio & doctrine meis cumulatissimum, ut procul abigē, vesanam illam contumeliam, in qua insignia gloriosissimi viri glossemata hebraice lingue expertia fabulatur & excogitavit, Habetis igitur dilectissimi fratres, tractatulos 24. vobis interpretatos, neque iudeis fastidiosos, nec christianis ut spero culpandos. At si certo in loco defecerim, quid mirum eo me falli, quo ab incunabulis non sum enutritus, sed tandem vespere omnipotēntis dei gratia, paupere tunicula sermonis hebraici contectus, Vos autem pro tantorum laborum reciproca vicissitudine deum pro me exorate, ut que in burgensem, ob veritatis & innocētie viri excusationem ordiri temeravimus me confortare dignetur & insufficiētiam nostram spiritu sancto suo adaugere. Valete ex franckfordia Anno 1512.

Hierauf folgt die lateinische Uebersetzung, welche ziemlich frey ist, indem Murner hie und da Anmerkungen in dieselbe gesetzt, manches gar ausgelassen oder auch falsch gegeben hat. Was hier pag. 6. zuerst übersetzt vorkommt, stehet in dem größern Gebetbuche der Juden, und zwar in der Sulzbacher Ausgabe vom Jahr 1737. in der Osterhistorie auf der ersten Seite des 124. Blates. Wir wollen Murners Uebersetzung zuerst anführen, und dann unsere eigne beyfügen, um die Leser urtheilen zu lassen, wo Murner geirret:

„Benedictus tu domine deus noster rex se-„culi qui nos elegisti de omni populo, exalta-„stique nos ex omni lingua, sanctificans nos in

„man-

„mandatis suis, & dedit nobis dns deus noster, „liberalitate sabatho quiescere, sanctitate, gau- „dio, solennitate, leg. instructione ad gauden- „dum die isto sabbathi dies dies em̄ asimorum „(azymorum) est iste, eruditionis exit9 nostri „cum gaudio, invocationis sanctitatis, recorda- „tionis exit9 nostri de egipto q̄r elēgit nos „sanctificavitque nos de om̄i populo. Saba- „thum sanctum to tue sanctitatis cum letitia & „in voluptate cum letitia & iubilo heredes nos „fecit. Benedictus tu deus sanctificans saba- „thum israhel instructionis legis tue Benedictus „tu domine deus noster rex seculi qui creasti „nos, & confirmasti erudiens nos doctrina ista.„

Solte nicht dieses Gebet eigentlich so zu übersetzen seyn? Benedictus sis, Domine Deus noster, rex mundi, qui elegit nos ex omni populo; & exaltavit nos ex omni lingua, & sanctificavit nos præceptis suis. Et dedisti nobis, Domine Deus noster, in amore, sabbatha ad quietem, & solemnitates ad lætitiam, festa & tempora ad hilaritatem; diem hunc sabbathi & festum hoc Azymorum, tempus libertatis nostræ in amore, conuentum sacrum, recordationem exitus ex Aegypto; quia nos elegisti & nos sanctificasti ex omnibus gentibus. Sabbathum & solemnitates tuas sanctas in amore & beneplacito, in gaudio & lætitia hereditatis loco nobis dedisti. Benedictus sis, Domine, sanctificans sabbathum & Israelem, ac tempora.

Bene-

Benedictus sis, Domine Deus noster, rex mundi, qui nobis vitam dedit, & nos conservavit, nosque pervenire iussit ad tempus hoc.

Die dritte und andere Person unter einander: Elegit, exaltavit, dedisti lautet zwar nicht so gut, als die dritte alleine. Indessen findet es sich so, wie ich übersetzt habe, im hebräischen Original: Denn so viele andere Ausgaben von dem Jüdischen Gebetbuche ich nachzuschlagen Gelegenheit hatte, z. E. eine Amsterdamer und Prager; so lauten sie eben so, wie die angeführte Sulzbachische.

Was hierauf bey Murner ferner kommt, Gebete nemlich und Beschreibung der Ceremonien, ist alles aus der sogenannten Osterhistorie dieses Gebetbuchs genommen; auch dasjenige, was zuletzt einen besondern Titel hat: Benedicite &c. oder der Segen über die Speise, ist darin befindlich, und fängt in der erwehnten Sulzbachischen Ausgabe auf der ersten Seite des 127. Blates an. Die Oratio secunda dieses letzten Abschnits lautet bey Murnern so: „Laudantes cognoscemus ad te dñe deus noster quia hereditari fecisti a patriby nostris terram amenam bonam & latam fedus sive pactum & legem vite cibumque & super eo quod eduxisti nos domine deus noster de terra egipti & liberasti nos rex noster de domo servitutis & super federe quod sigillaveris in carnẽ nostram & super lege tua in qua nos doceri fecisti & super legẽ voluntatis tue quam nos scire fecisti & super vita li-

„berali-

„beralitate & gratia qui misertus es nobis, & „super comestione cibi quia tu misertus es no„stri disponens cibum nobis iugiter in om̄i die „& in om̄i tempore & in om̄i hora.„

Ich übersetze also: Celebramus te, Domine Deus noster, quod hereditati dedisti patribus nostris terram desiderabilem, bonam & latam; & quod eduxisti nos, Domine Deus noster, ex terra Aegypti; & redemisti nos e domo servorum; & propter foedus tuum, quod obsignasti in carne nostra; ac propter legem tuam, quam docuisti nos, & ob statuta tua, quae nobis nota fecisti; ac propter vitam, gratiam & bonitatem, quae nobis largitus es; ac propter comestionem cibi. Nam tu alis & sustentas nos perpetuo, omni die, omni tempore & omni hora.

Daß von der letztern Piece auch eine deutsche Uebersetzung vorhanden sey, lehrt mich J. Guil. *Feuerlini* Bibliotheca Symbolica, wo Parte II. p. 87. num. 1076. vorkommt: Der iuden benedicite, wie sy gott den Herren loben, vnd jm vmb die speyß danken. Durch D. Thoman Murner borfüßer orden verdalmetschett, Frankfurt. s. a. in 4to.

Vergilii maronis dryzehn Aeneadischen Bücher von Troianischer zerstörung, vnd vffgang des Römischen Reichs. Durch Doctor Murner vertütst. Maximiliano dem Durchlüchtigen, Vnüberwindlichen, Milten, Fridsamen vnd angeborner Fürsichtikeit weisen Fürsten dise

gelerte

gelerte gab. A. E. J. O. U. *) Auf dem letzten Blate steht: „Getruckt vnd seligklich vol„lendet in der keiserlichen freien statt straßburg „von Joañes Grüningern — im iar so man „zelt von der geburt Cristi tusent fünffhundert „fünfzehen.„ In Folio, mit grossen und häufigen Holzschnitten.

Die sehr undeutsche Zueignungsschrifft und eine Probe der Murnerischen Verse kann man in des seel. D. Riederers schon erwehnten Abhandlungen aus der Kirchen- Bücher- und Gelehrten-Geschichte S. 500. ff. finden. Wenn sich in jener D. Murner des Kaysers geflißnen Caplon nennet; so glaube man nicht, als hätte er wirklich diese Stelle bekleidet: Denn dieser Name war damals eine sehr gewöhnliche Courtoisie geistlicher Personen gegen große Herren, die man auch selbst von D. Luthern gegen Fürsten öffters gebraucht findet. **) Die Uebersetzung ist nach der

*) Diese Buchstaben hat Kaiser Friedrich, der Vater Maximilians, zu allererst gebraucht. Man hat sie verschieden erklärt; z. E. auf einigen Krönungsmünzen des glorwürdigen Kaiser Josephs I. Austria Extendetur In Orbem Vniversum; oder: Austria Electa Juste Omnia Vincit; Aller Ehren Ist Oestreich Voll. Es ist aber die eigne Erklärung Friedrichs entdeckt worden: Austriæ Est Imperare Orbi Vniverso. Alles Erdreich Ist Östreich Unterthan. S. J. M. *Heineccii* de Veteribus Germanorum &c. Sigillis Syntagma, Franc. & Lipſ. 1719. fol. p. 110. sq. Die letzte Erklärung muß also zur Zeit Maximilians noch angenommen werden.

**) Der berühmte Verfasser des Theurdanks, Melch. Pfinder Beschaffenheit der damahligen Zeiten nicht allzuschlecht gerathen. Vor iedem Buche steht ein kurzer Begriff desselben, auch in Reimen; und am Rande sind die lateinischen Anfangsworte der Verse immer über den dritten oder vierten Vers beygesetzt, jedoch mit gothischen Buchstaben, wie alles übrige, gedruckt. So sind auch fleisig Abschnitte in der Materie gemacht, und der Inhalt derselben darüber gesetzt. Das Werk hat 186. Blätter, und ist sehr selten; wie es dann den Verfassern der „Beyträge zur cri„tischen Hist. der deutschen Sprache„ welche gleich im ersten Stücke die alten Uebersetzungen des Virgils anführen, nicht zu Gesichte gekommen ist. Eine sorgfältige Zusammenhaltung hat mich überzeugt, daß diese Murnerische Uebersetzung, wiewohl mit Verschweigung seines Namens und mit einigen, obschon unerheblichen, Veränderungen viermal nachgedruckt worden, nemlich zu Worms in 8. ohne Jahr, 1543. in 8. ohne Benennung des Orts, zu Frankf. 1559. 8. mit Figuren, und endlich zu Jena 1606. in Octav.

Instituten ein warer Vrsprung vnnd Fundament des keiserlichen Rechtens, von dem hochgelarten Herren Thomam Murner — verdützschet vnd vff der hohen schull

Pfinzing, nennet sich in der Zueignung desselben an Kaiser Carl V. gleichfalls Capplan, welches er doch im eigentlichen Verstande niemals gewesen ist. S. J. D. *Koeleri* Disp. de incluto libro Theuerdank. S. 11. und Hn. Prof. Wills Nürnb. Gel. Lexic. 3. Th. S. 153.

schull Basel in syner ordenlichen lectur offenlich mit dem latin verglichet. Mit keiserlicher fryheit begabt in zehen jaren mennigklichen verbotten nachzutrucken. In Quart. Um den Titel steht eine Einfassung, an deren Fuße die Jahrzahl 1519. nebst dem Namenszeichen des Druckers erblicket wird. Das ganze Buch macht ohne Vorrede und Register 134. Blätter aus, die mit römischen Zahlen bezeichnet sind. Am Ende steht: „Gedruckt in „der loblichen statt Basel, durch den fürsichtigen „Adam Petri von Langendorff — M.D.xix. in „dem viij Tag Aprils.„

Eine gründliche Beurtheilung von dem Werthe dieser allerersten und ältesten Verdeutschung der Institutionen findet man in dem 9. Stücke S. 116. ff. der schon erwehnten Beyträge zur crit. Hist. der deutsch. Sprache, wohin ich die Leser verweise, wenn ich noch angemerket habe, daß diese Uebersetzung im Jahre 1520. 4. abermal gedruckt worden, doch so, daß der Inhalt von Seite zu Seite, ja Zeile zu Zeile mit der erstern übereinstimmet.

Vtriusque iuris tituli & regule a Doctore Thom. Murner in Alemanicum traducti eloquium. In Quart von 125. Blättern. Am Ende: Basil. ex aedibꝰ Adae Petri. Anno dominicae incarnationis M.D.XX. mense Octobri. Auch von dieser Schrifft darf ich nicht viel sagen, weil Freytagius sowohl in seinem Adparatu Litt. T. I. p. 307. sqq. als auch in seinen Analectis p. 621. sqq. die Vorrede und einen Auszug derselben allbereit mitgetheilet hat. In Biblioth. Thomasianae Tom. II. n. 431. kommt eine Ausgabe von 1518. in Quart vor, die ich bißher nirgends bemerkt habe.

ENDE.